Liebe Freunde,

Heute wollen wir über etwas ganz Besonderes sprechen: die Kunst. Kennst du diese schönen Gemälde, die Musik, die unser Herz tanzen lässt, und Geschichten, die uns in magische Welten entführen? Das alles ist Kunst!

Die Kunst ist wie ein Superheld, der uns glücklich macht, auch wenn wir traurig sind, und uns hilft, die Schönheit in den einfachen Dingen des Lebens zu sehen. Sie ist wie ein Geheimnis, das uns innerlich zum Lächeln bringt und uns hilft, die Welt um uns herum zu verstehen.

Die Künstler sind wie Zauberer, die diese unglaublichen Dinge erschaffen. Sie benutzen Pinsel, Stifte, Musikinstrumente und sogar Worte, um uns wunderbare Geschichten zu erzählen.

Also wollen wir heute 'Danke' sagen für die Kunst und für all die Künstler, die unsere Tage bunter und lustiger machen. Lassen Sie uns weiterhin erkunden, entdecken und uns von all den erstaunlichen Dingen verzaubern lassen, die die Kunst uns bietet.

Möge Gott Ihr ganzes Leben segnen!

Dear friends,

Today, let's talk about something very special: art! Do you know those beautiful paintings, the music that makes our hearts dance, and stories that take us to magical worlds? That's all art!

Art is like a superhero that makes us happy, even when we're sad, and helps us see the beauty in the simple things of life. It's like a secret that makes us smile inside and helps us understand the world around us.

Artists are like wizards who create these incredible things. They use brushes, pencils, musical instruments, and even words to tell us wonderful stories.

So today, let's say 'thank you' for art and for all the artists who make our days brighter and more fun. Let's continue to explore, discover, and be enchanted by all the amazing things that art offers us.

God bless your whole life!

Elis Pethke

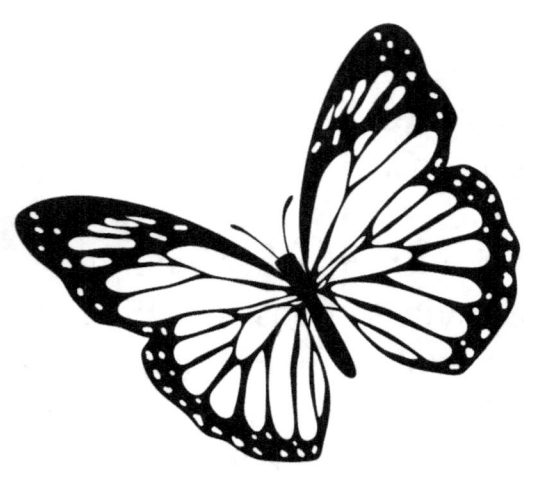
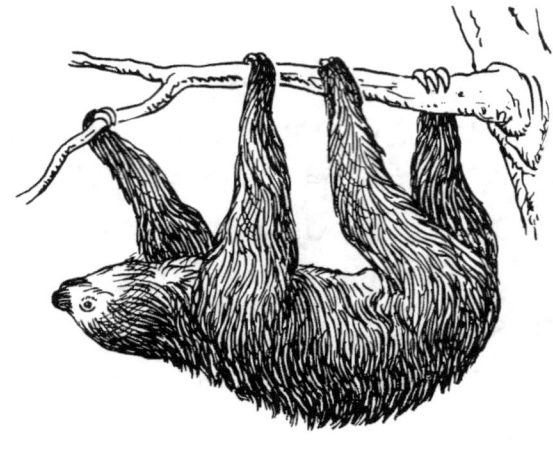

This Book Belongs to:

○────────────────────────────○

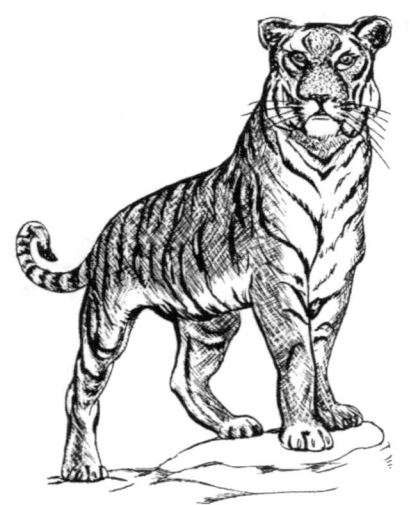
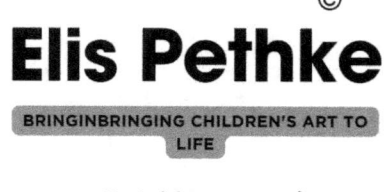

Elis Pethke©

BRINGINBRINGING CHILDREN'S ART TO LIFE

all rights reserved

ALL RIGHTS RESERVED©
2024

No part of this publication may be reproduced, distributed, or transmitted in any form or by any means, including photocopying, recording, or other electronic or mechanical methods, without the prior written permission of the publisher, except for brief quotations incorporated in critical reviews and other specific noncommercial uses. Any unauthorized replica of this work is prohibited.

Kein Teil dieser Publikation darf ohne vorherige schriftliche Genehmigung des Herausgebers in irgendeiner Form oder mit irgendwelchen Mitteln, einschließlich Fotokopien, Aufzeichnungen oder anderen elektronischen oder mechanischen Methoden, vervielfältigt, verteilt oder übertragen werden, mit Ausnahme von kurzen Zitaten in kritischen Rezensionen und anderen spezifischen nichtkommerziellen Verwendungen. Jede unbefugte Vervielfältigung dieses Werkes ist verboten.

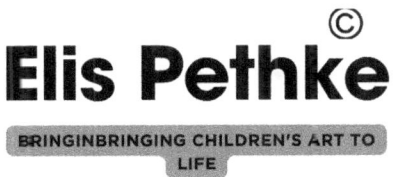

Test Color Page

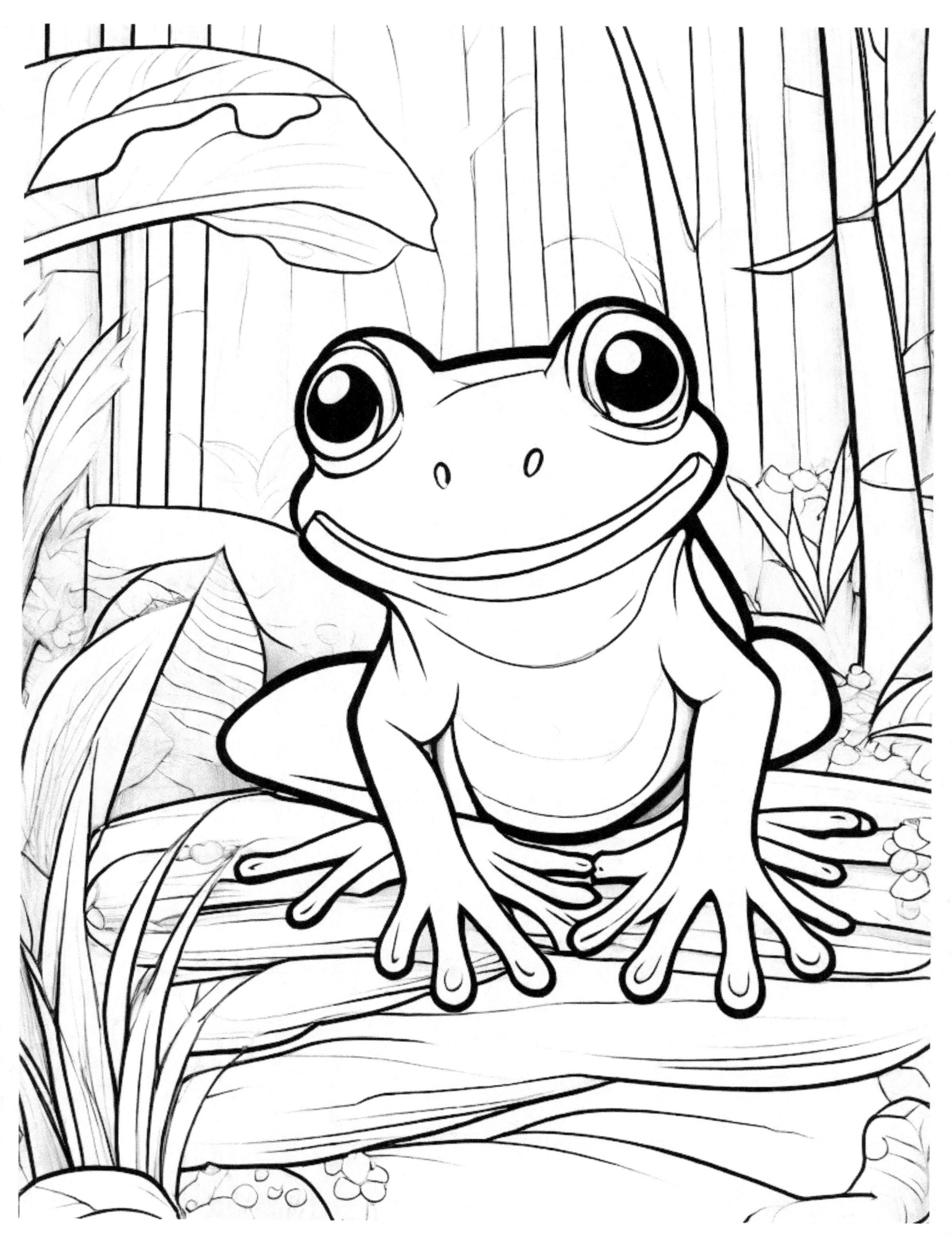

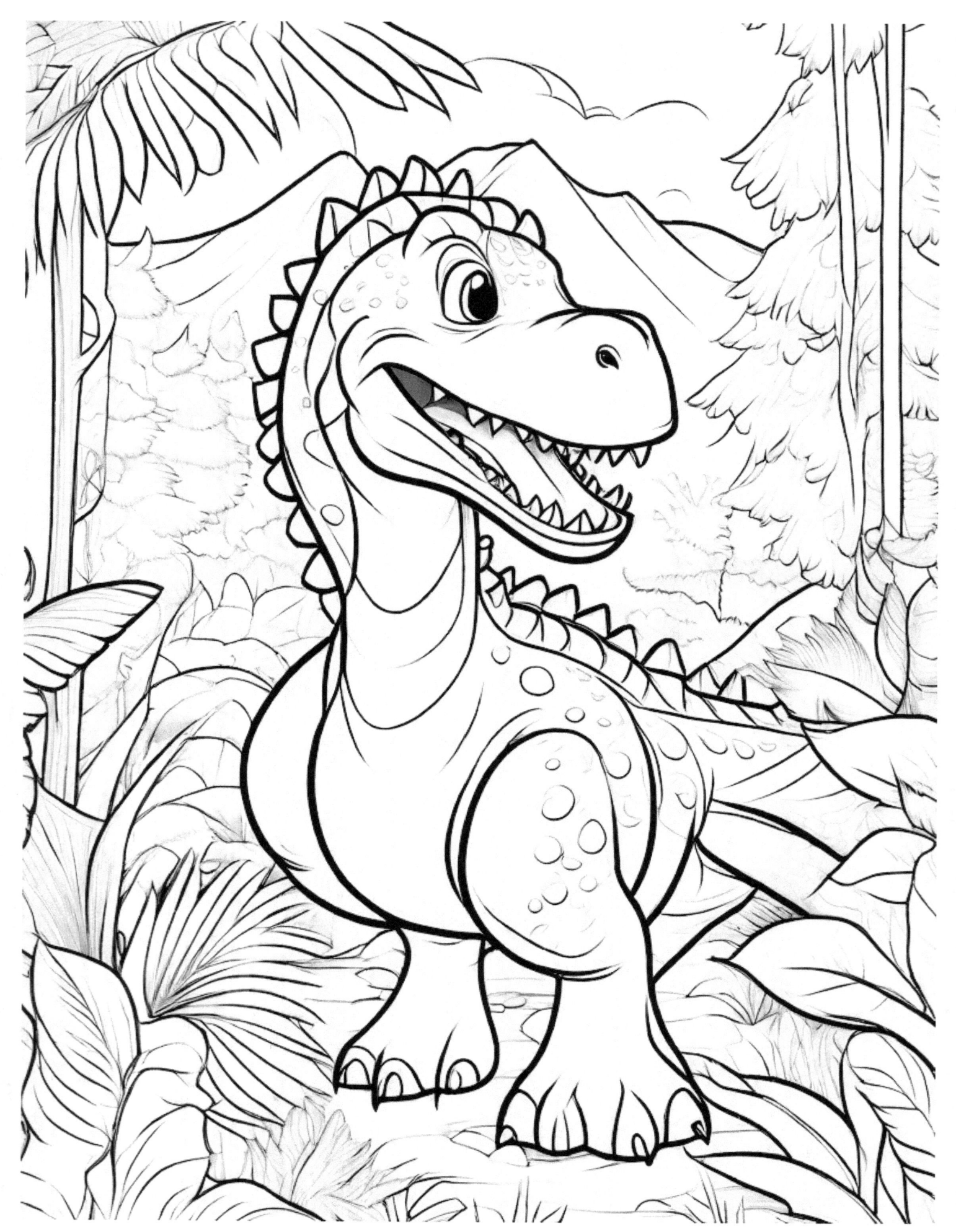

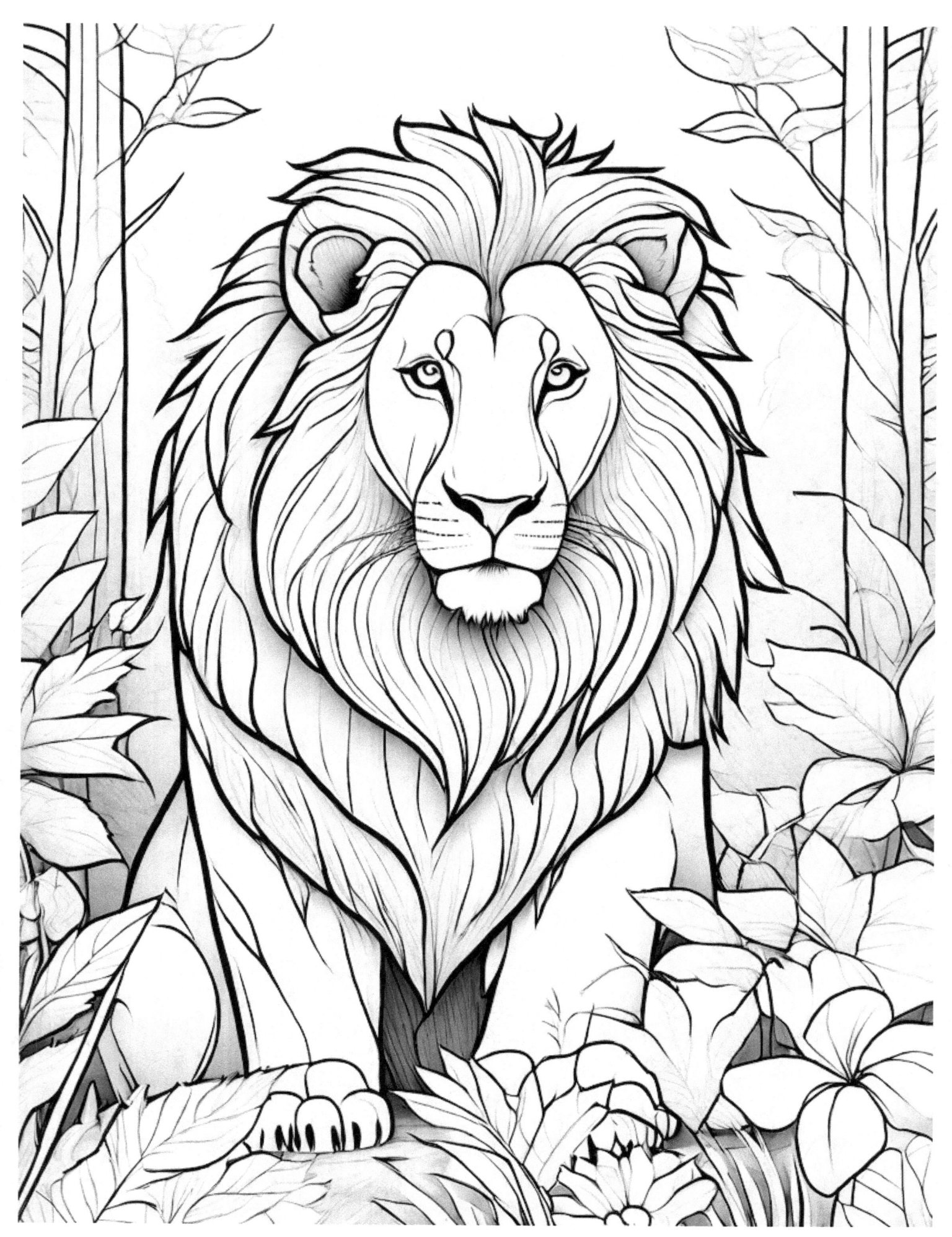

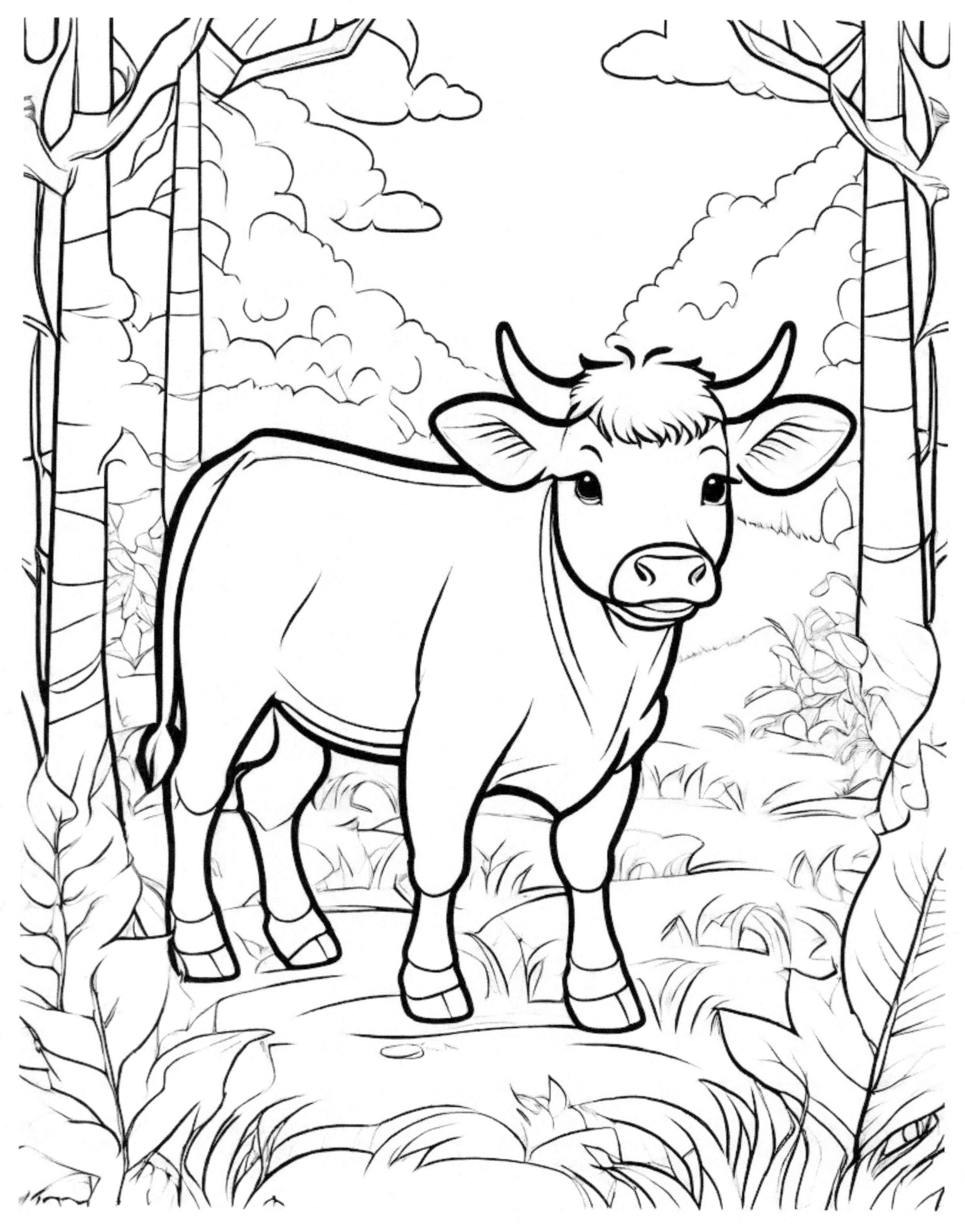

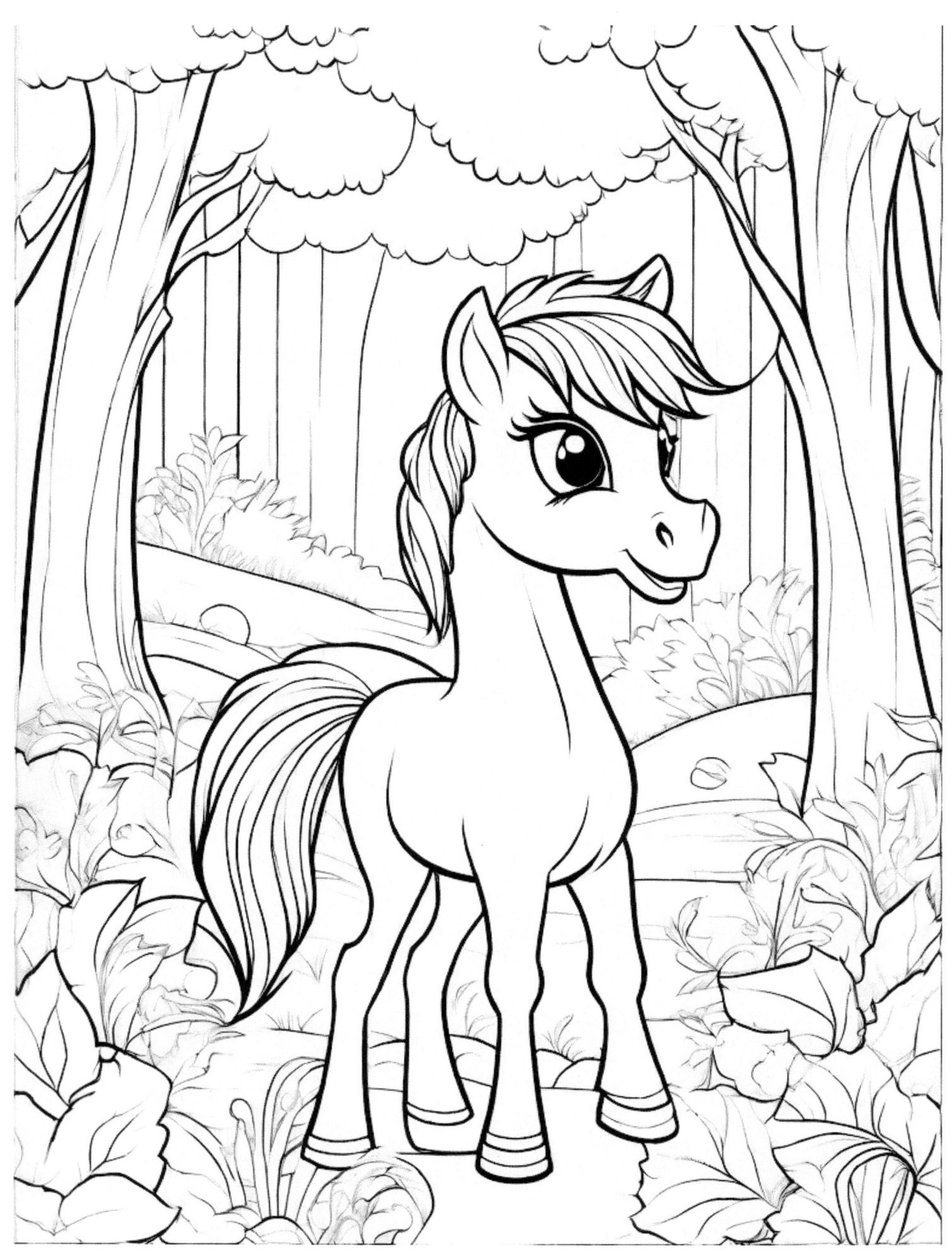

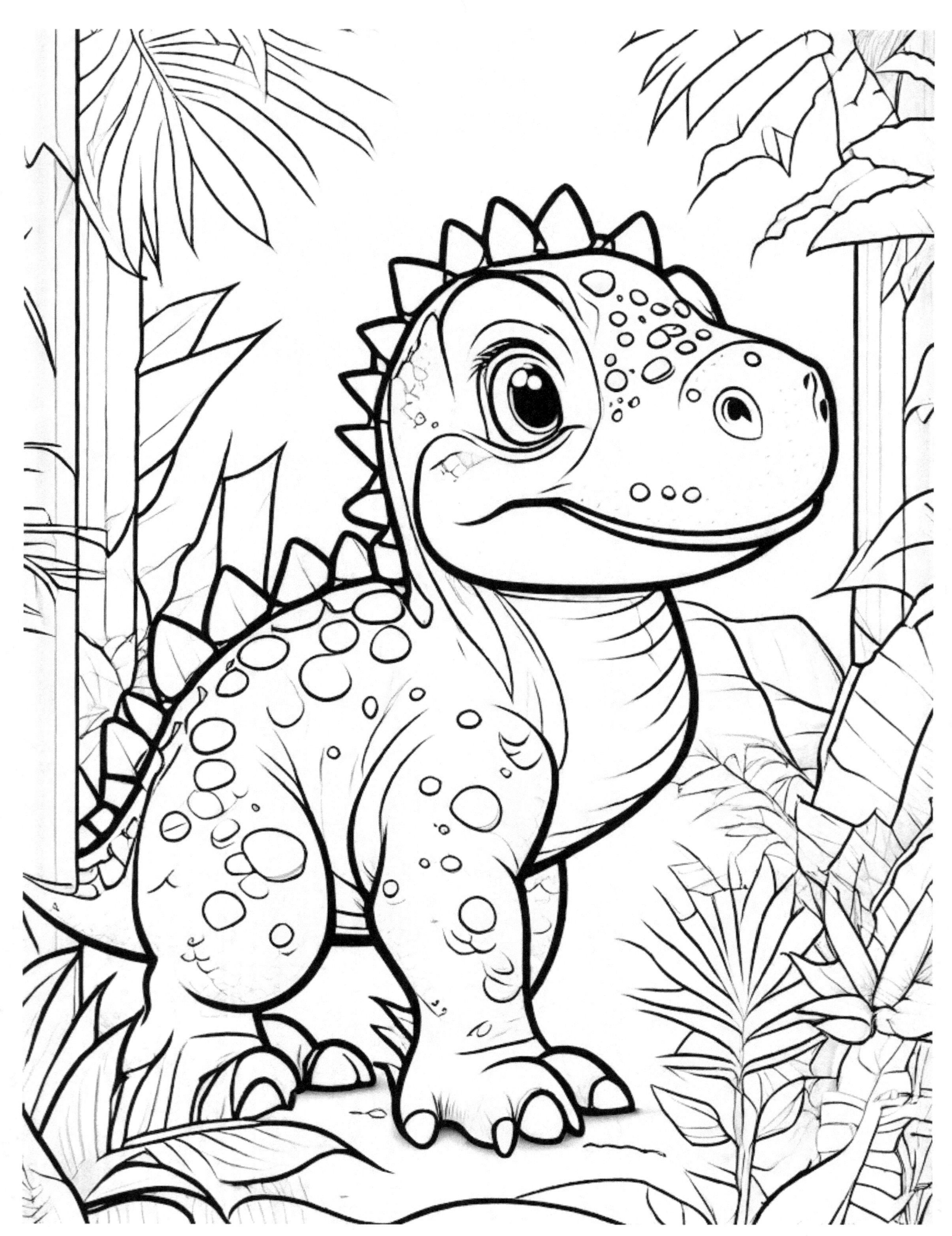

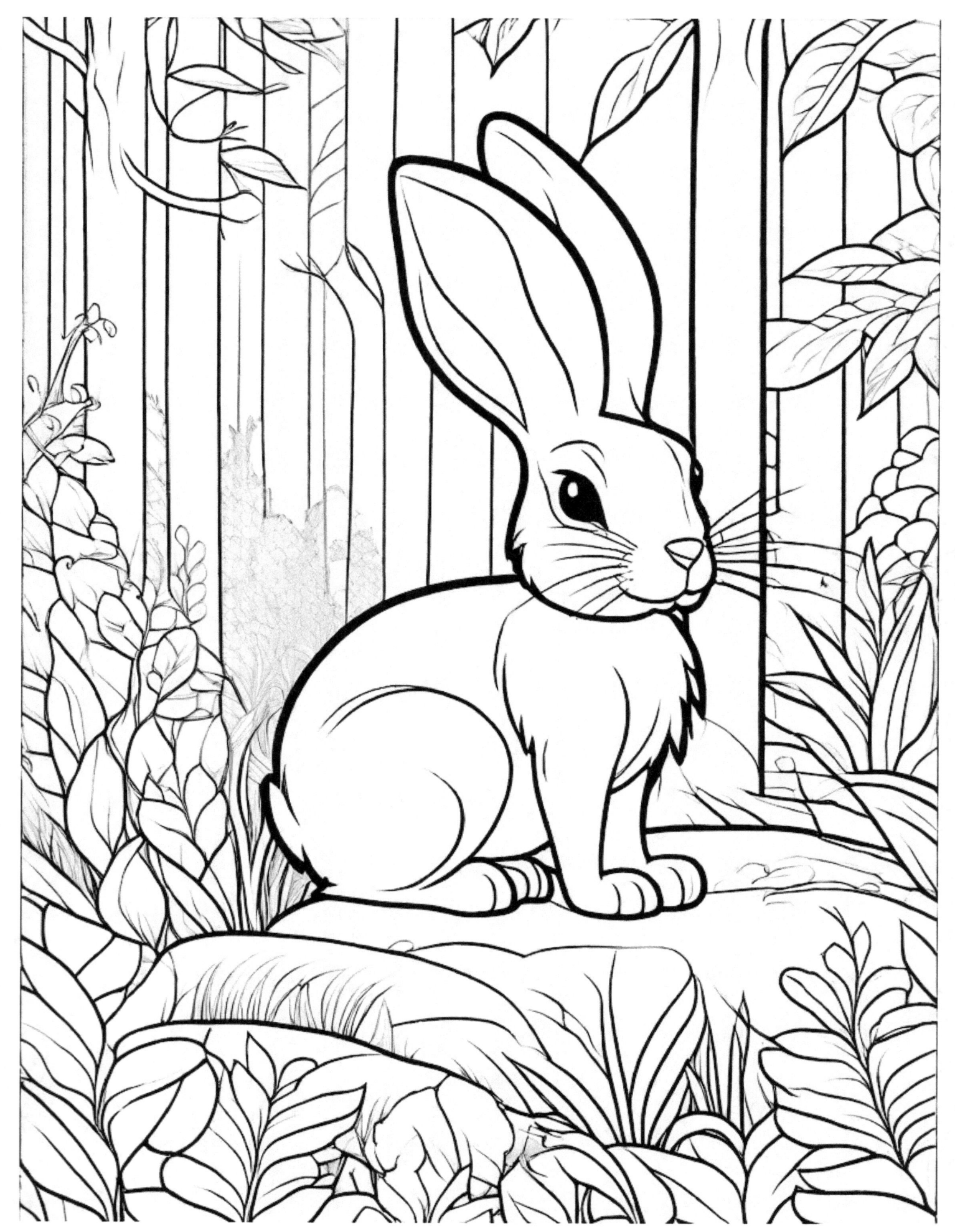

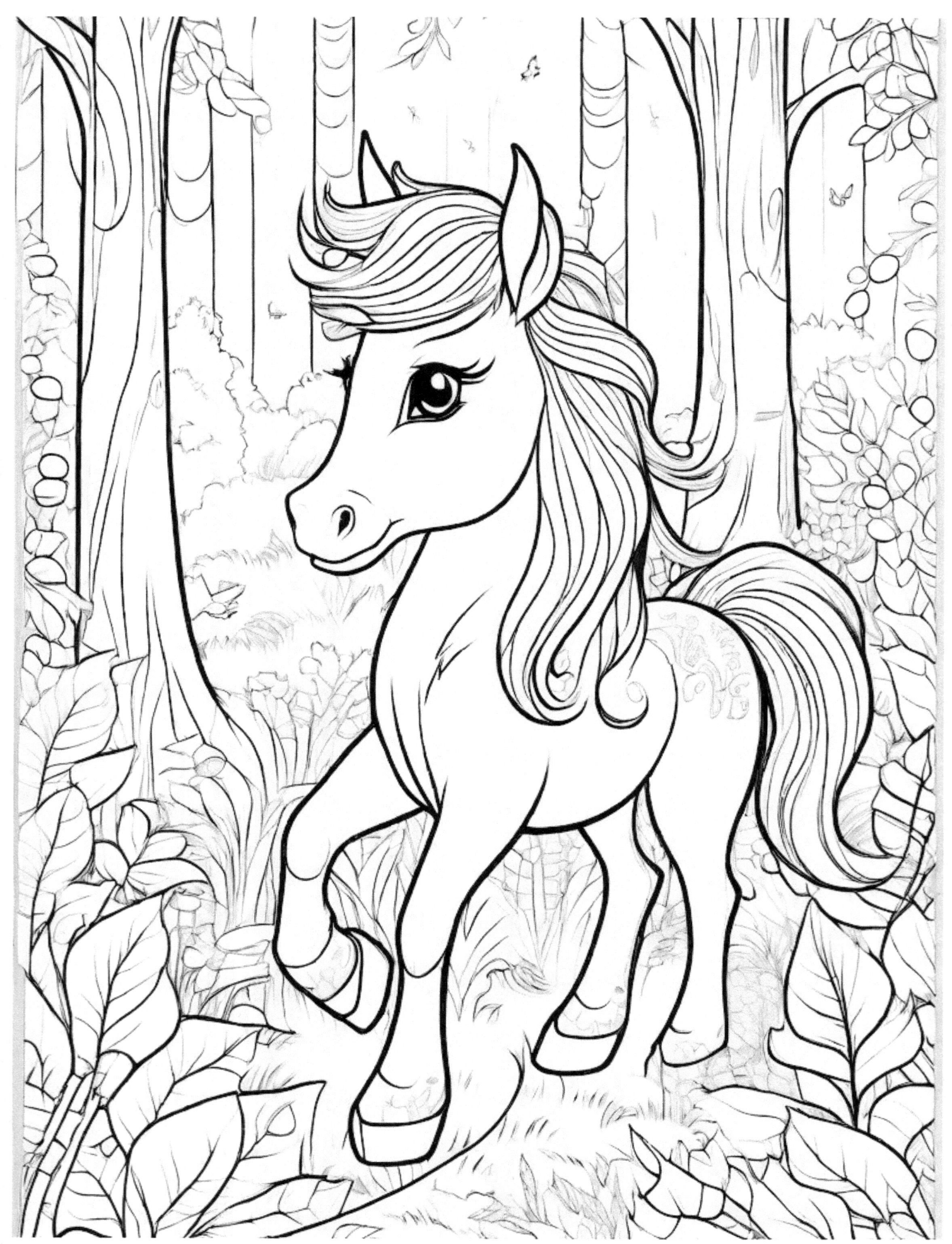

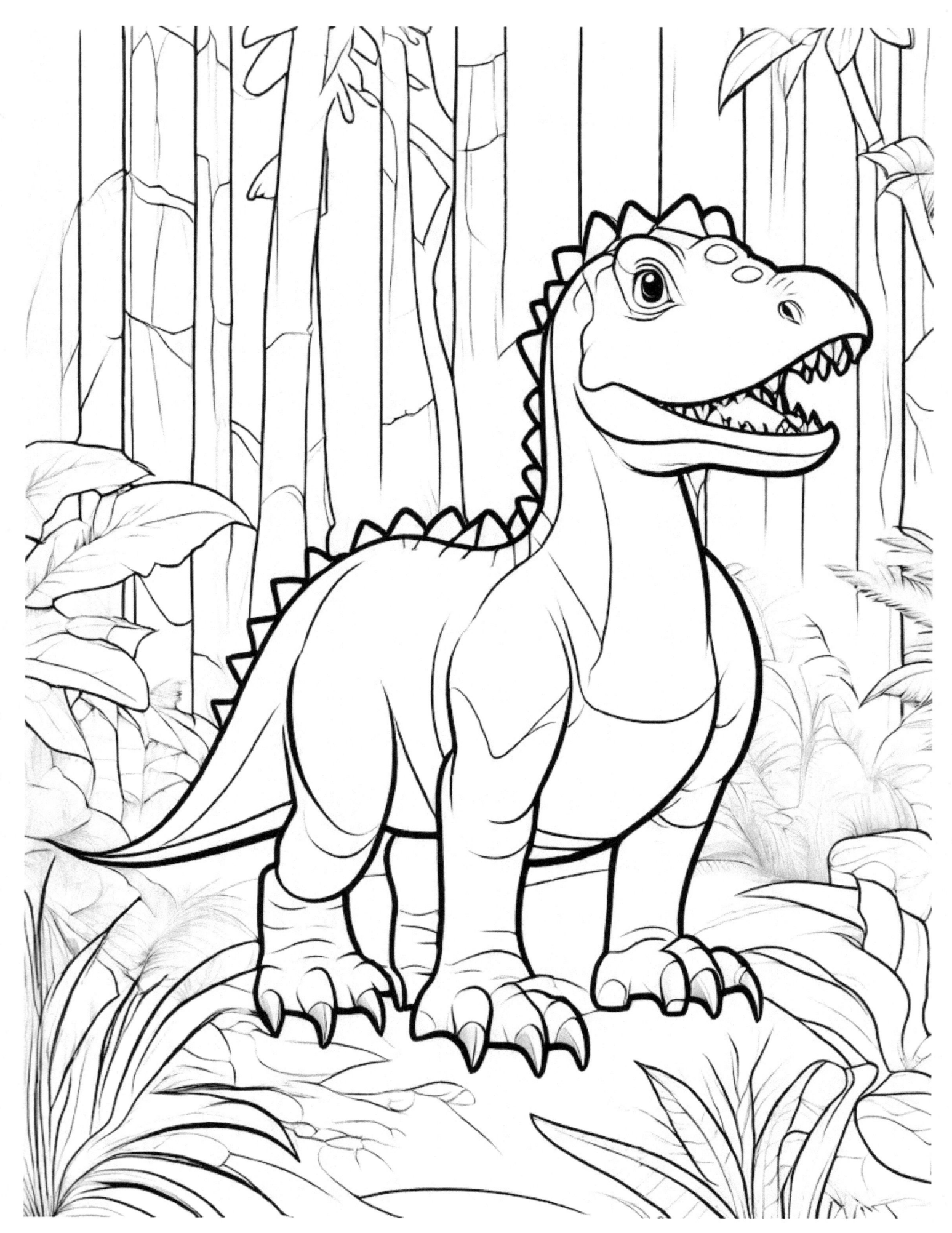

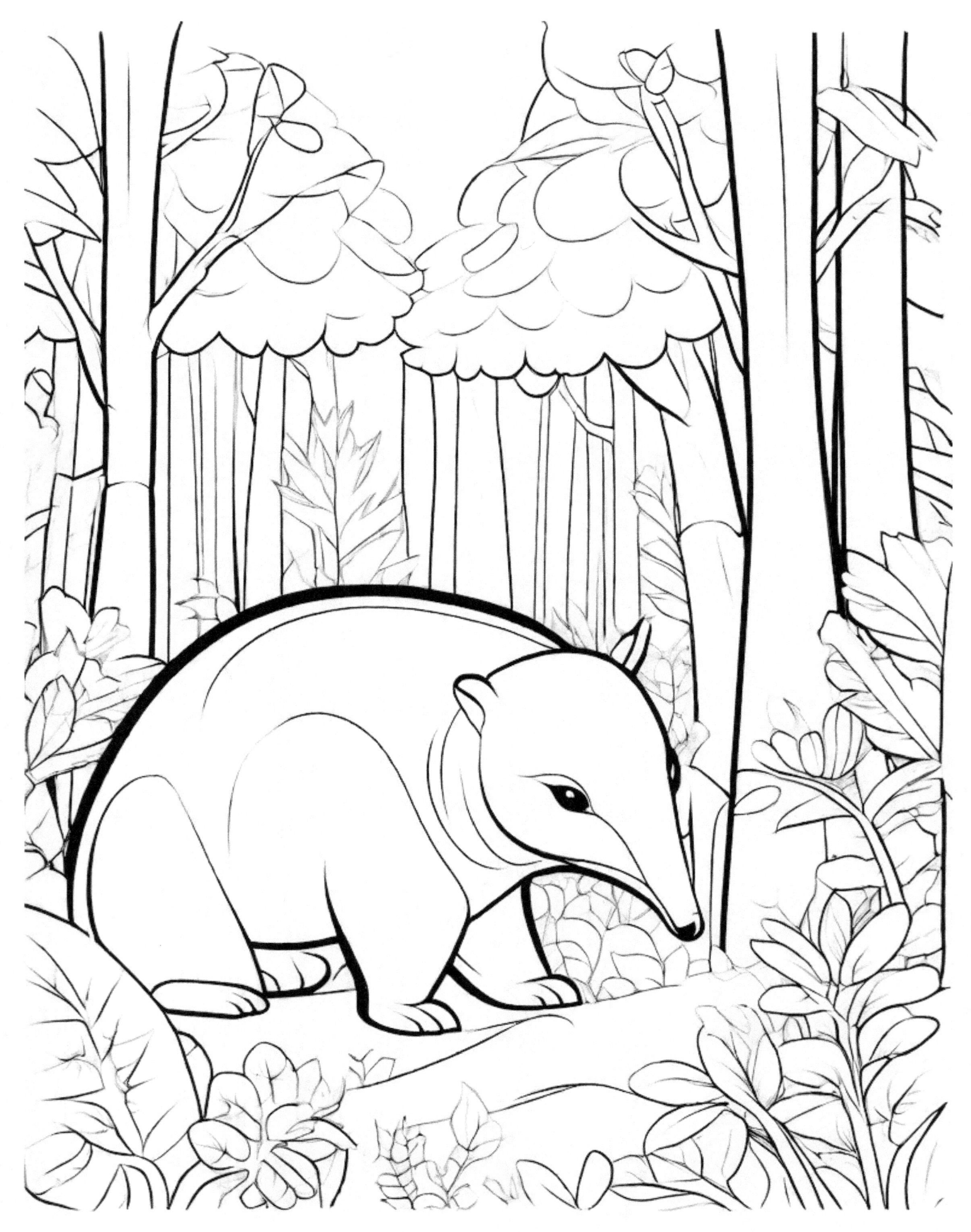

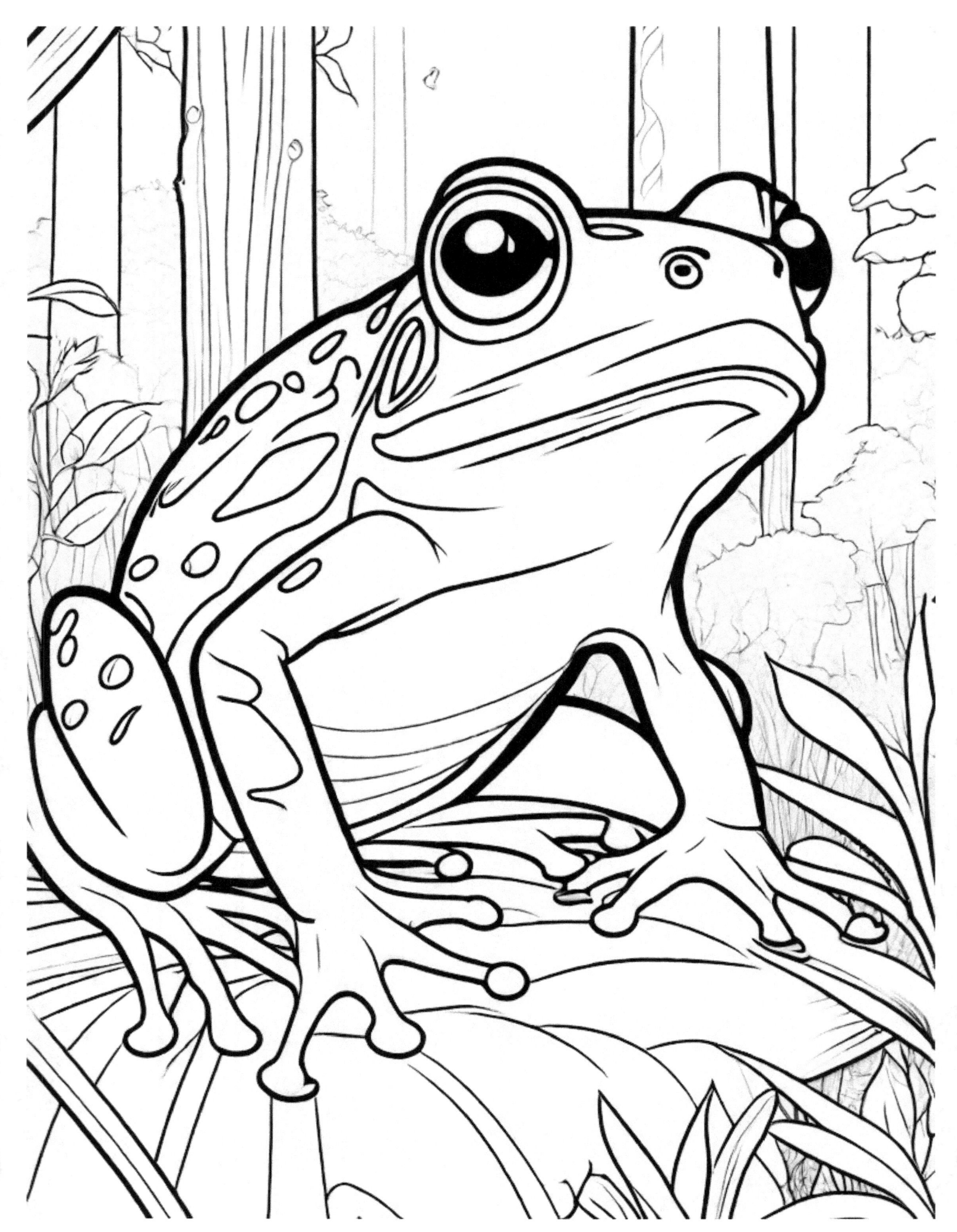

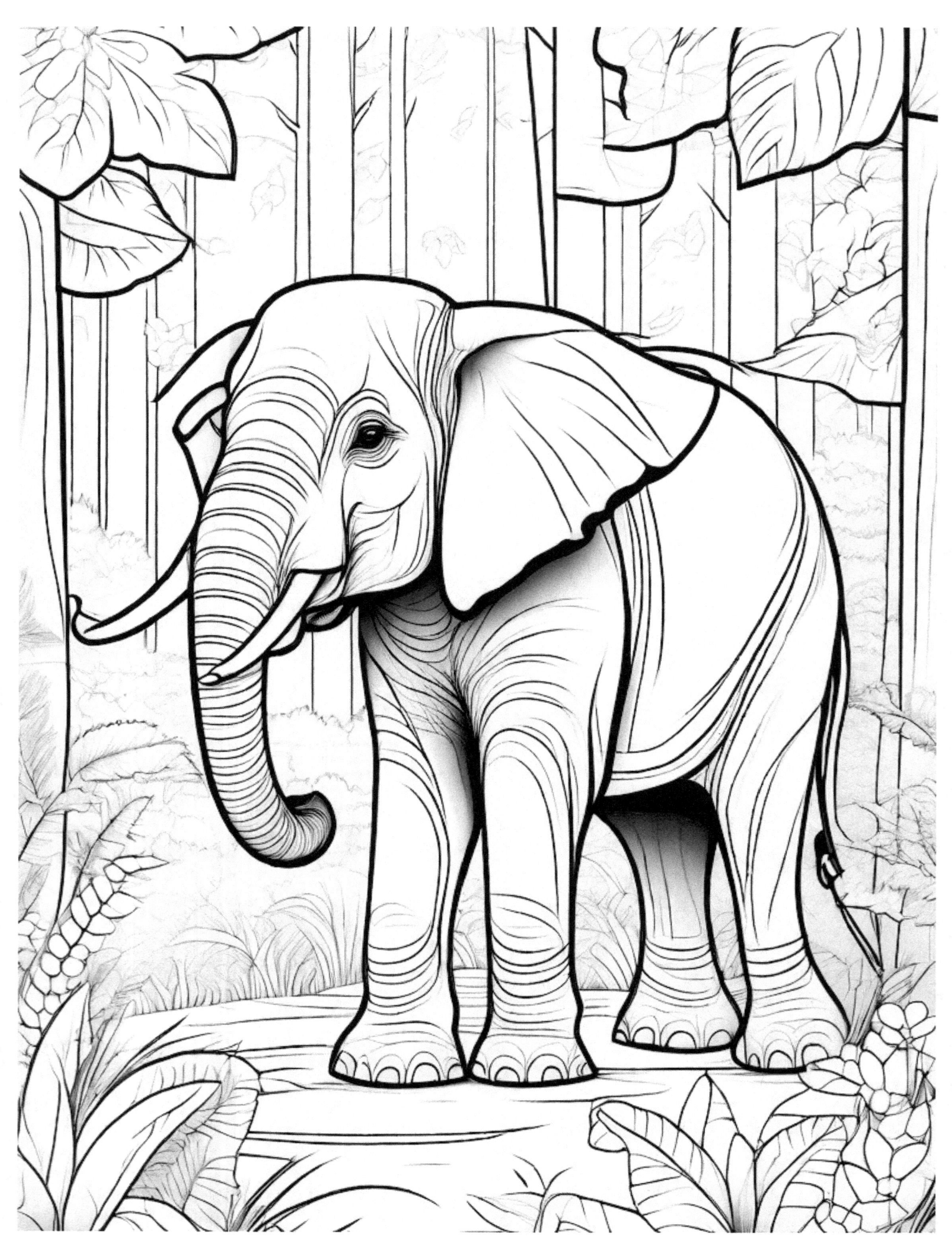

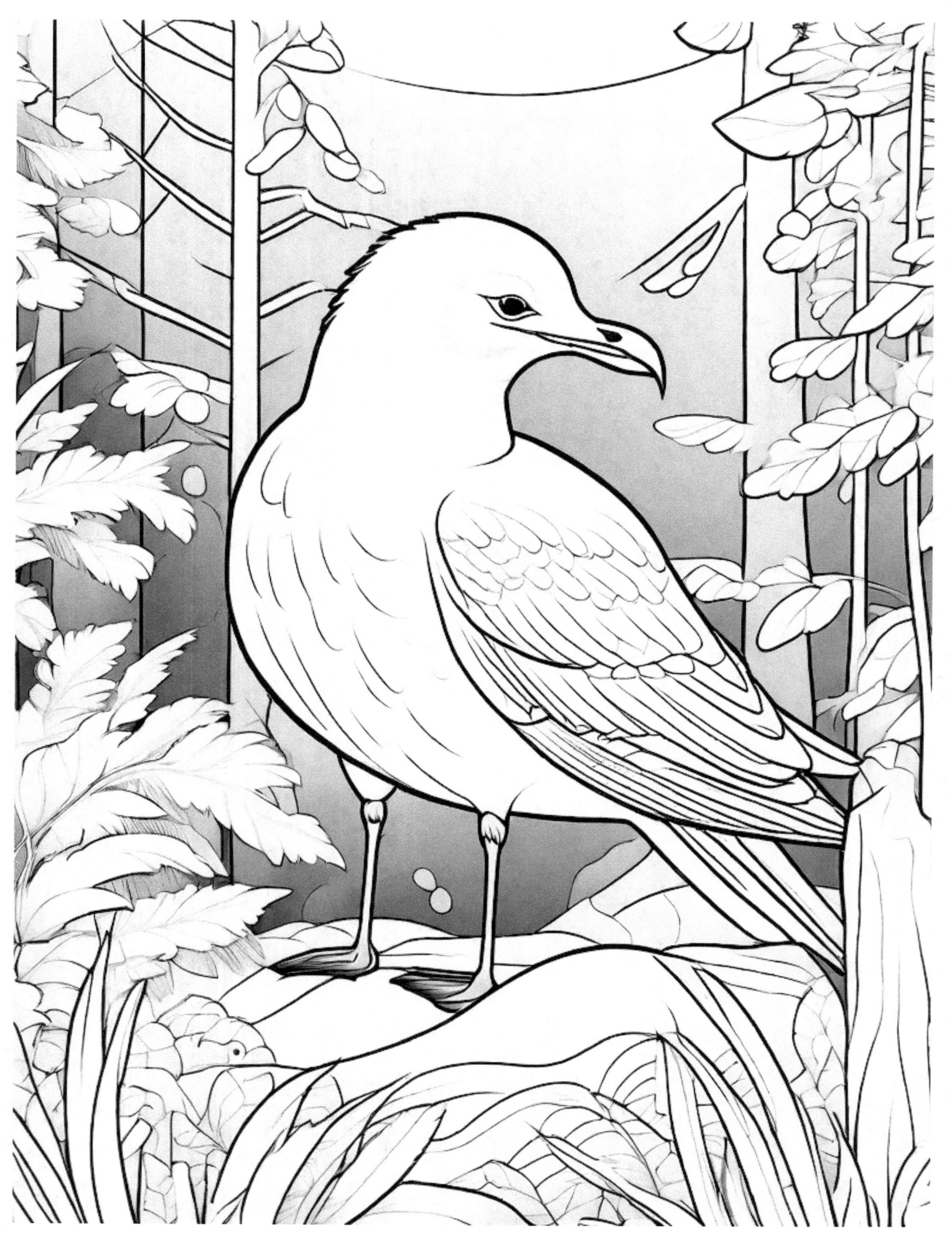

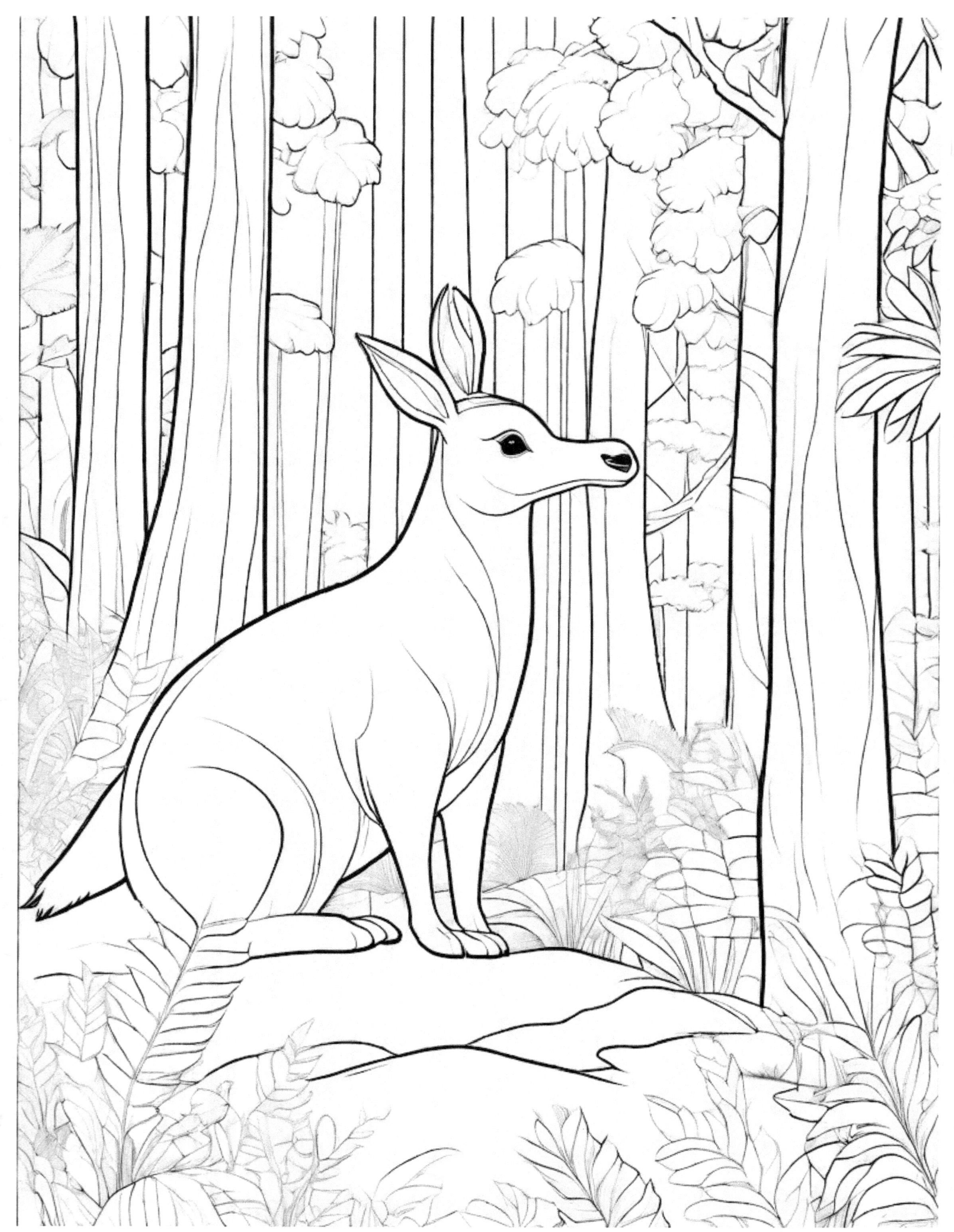

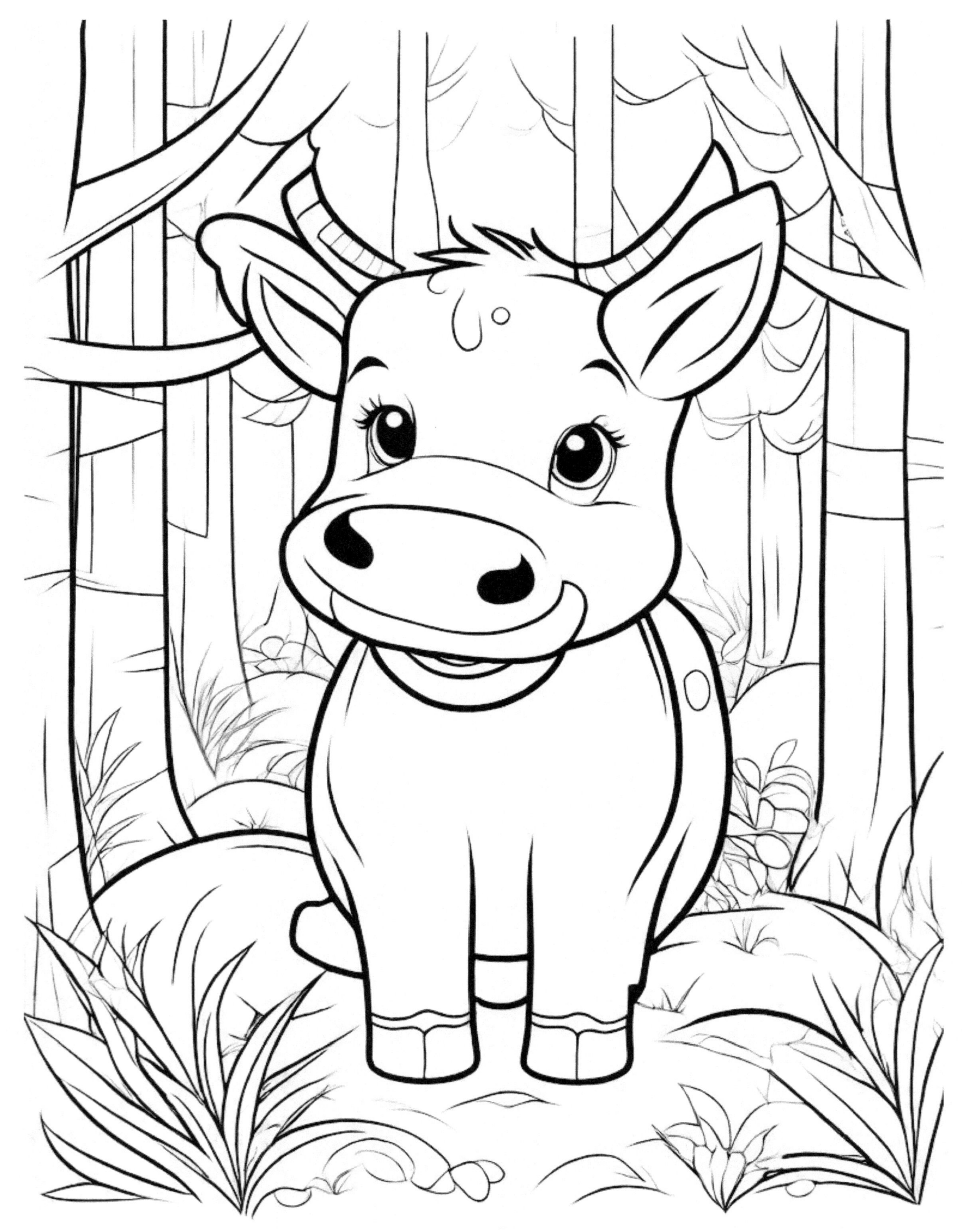

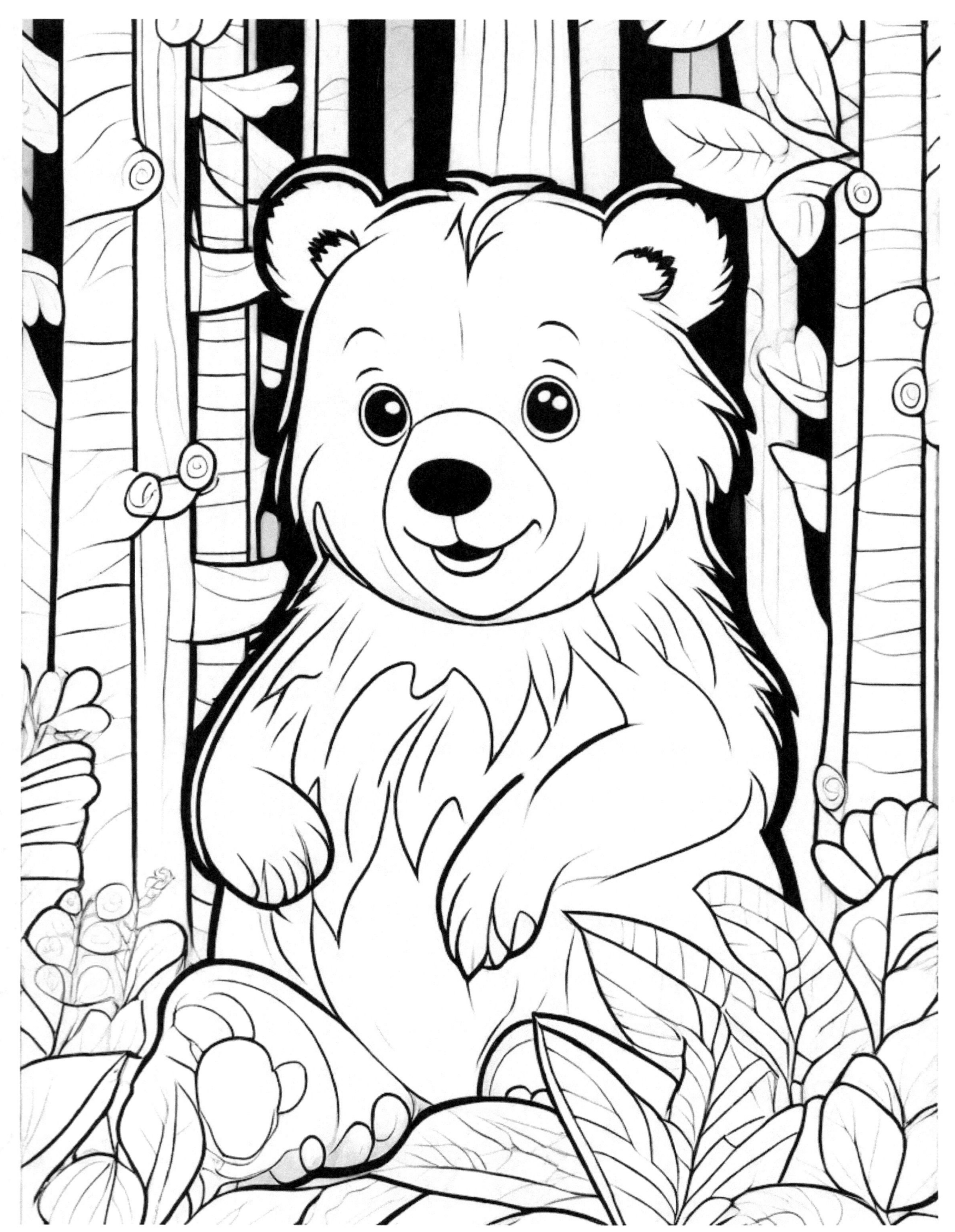

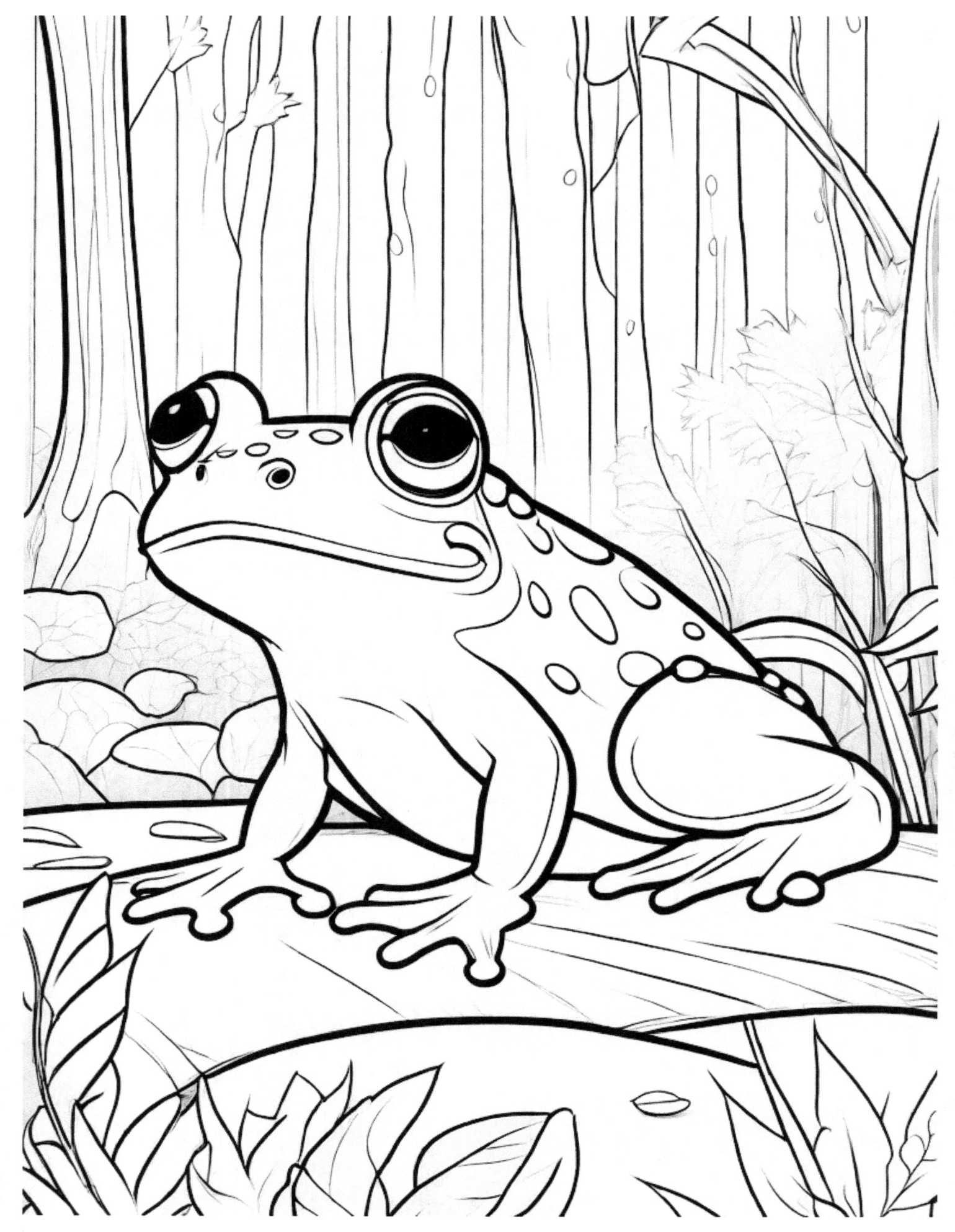

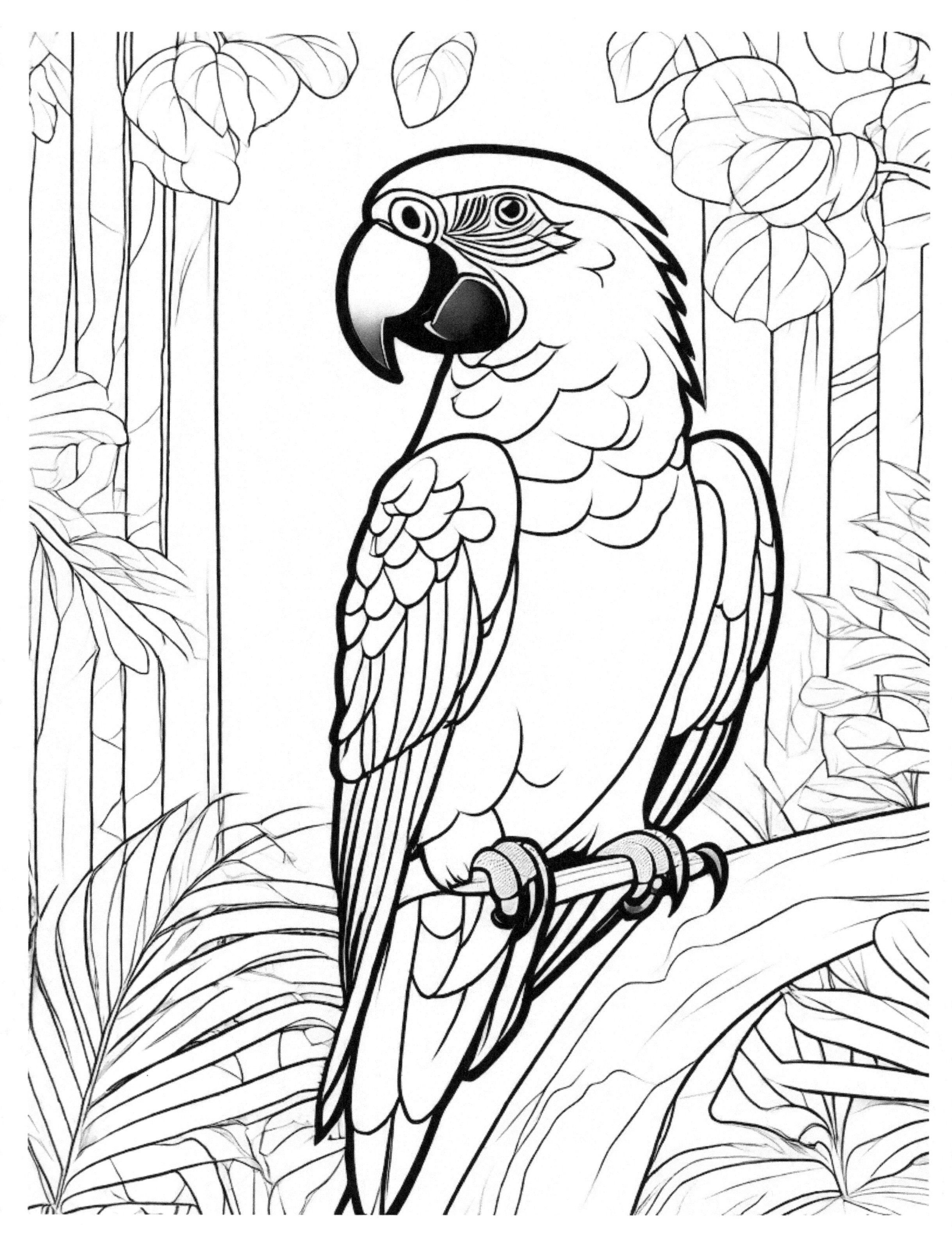

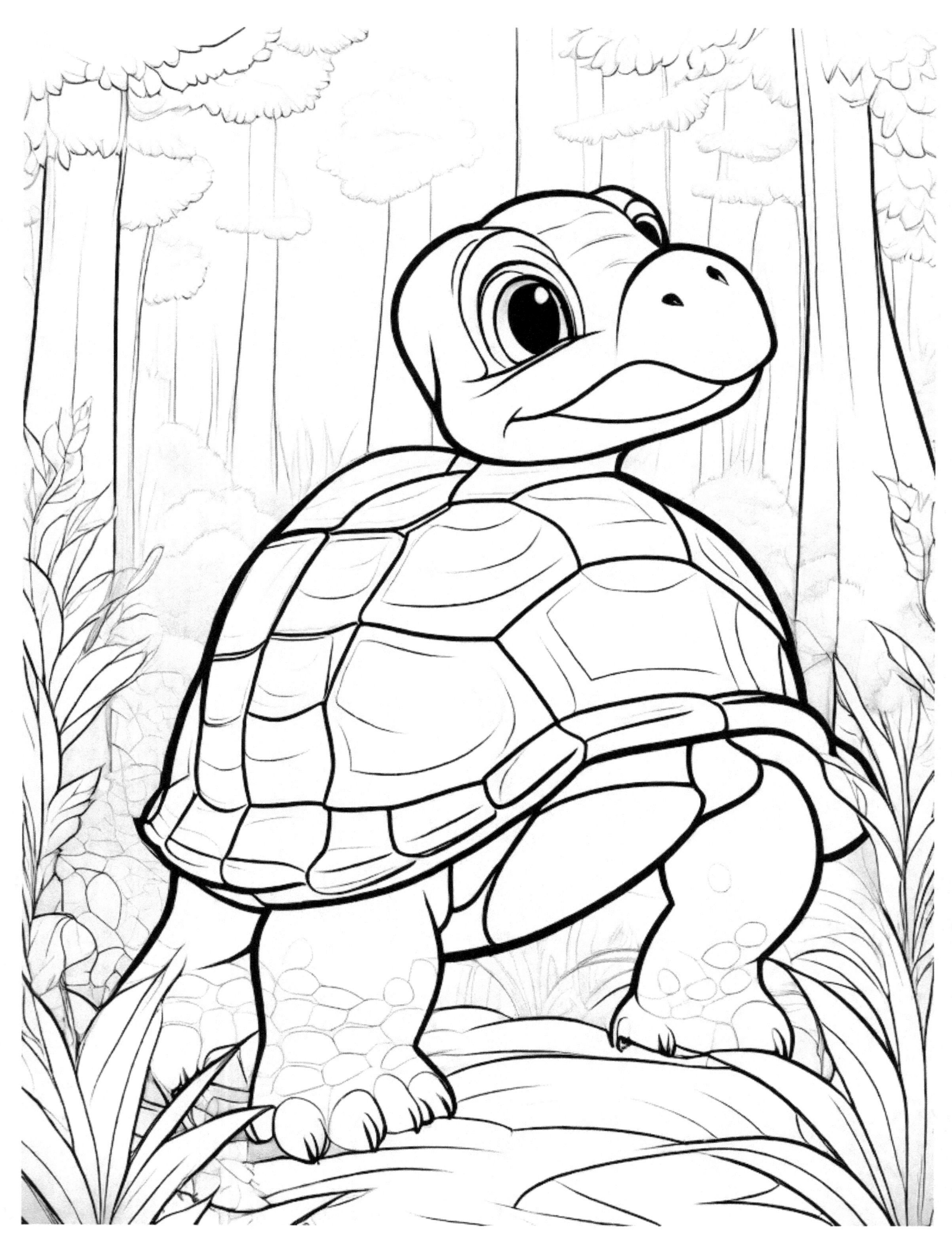

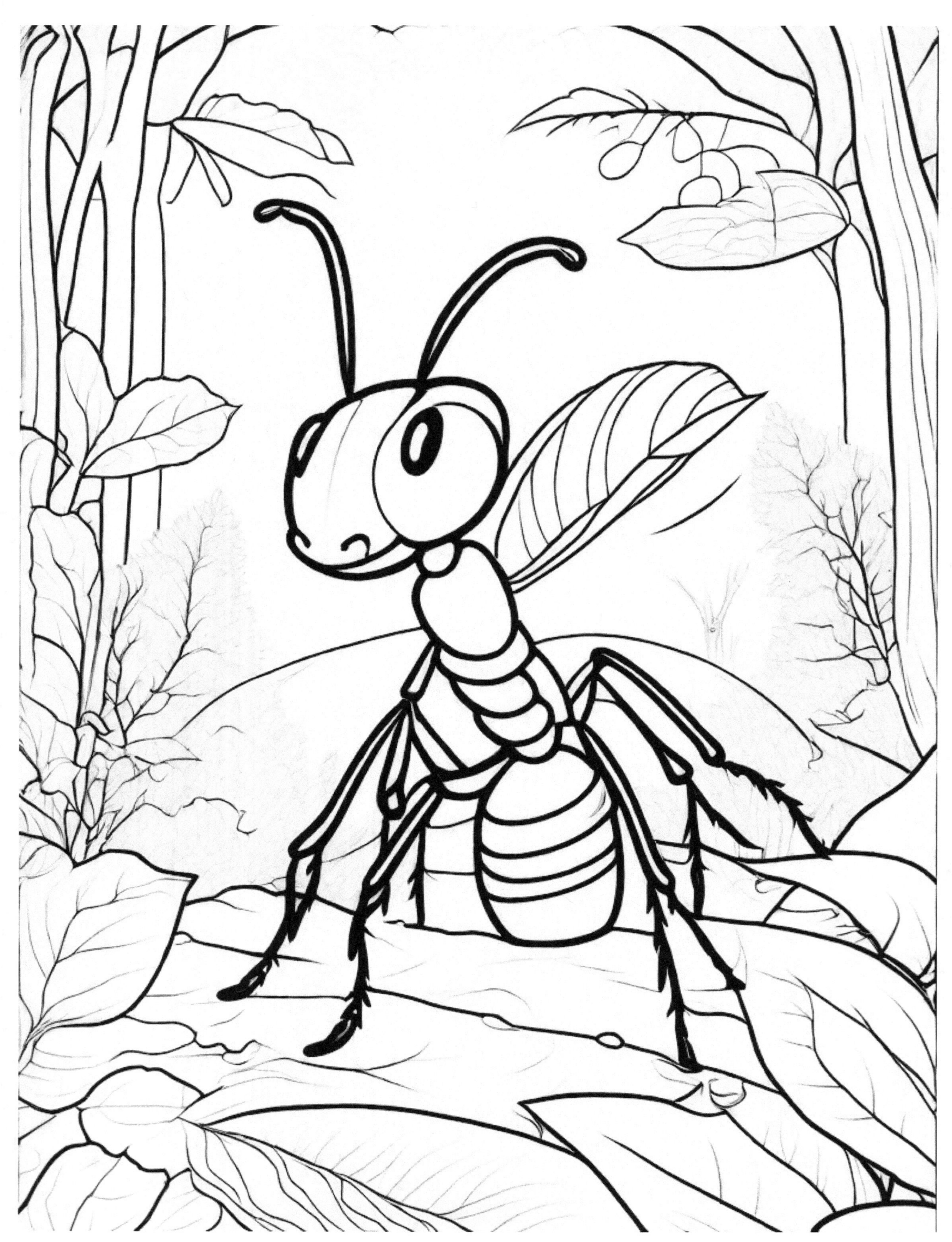

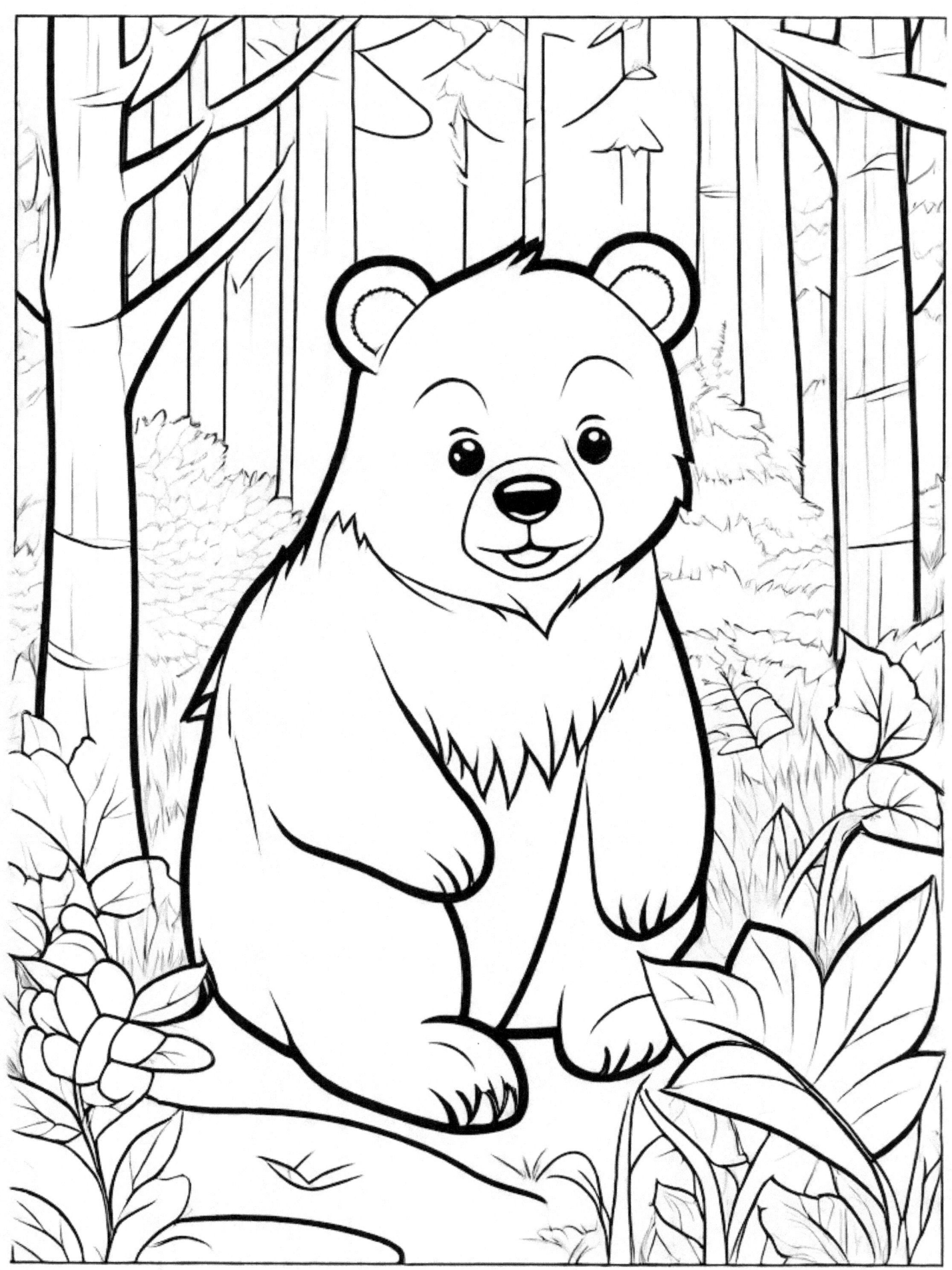

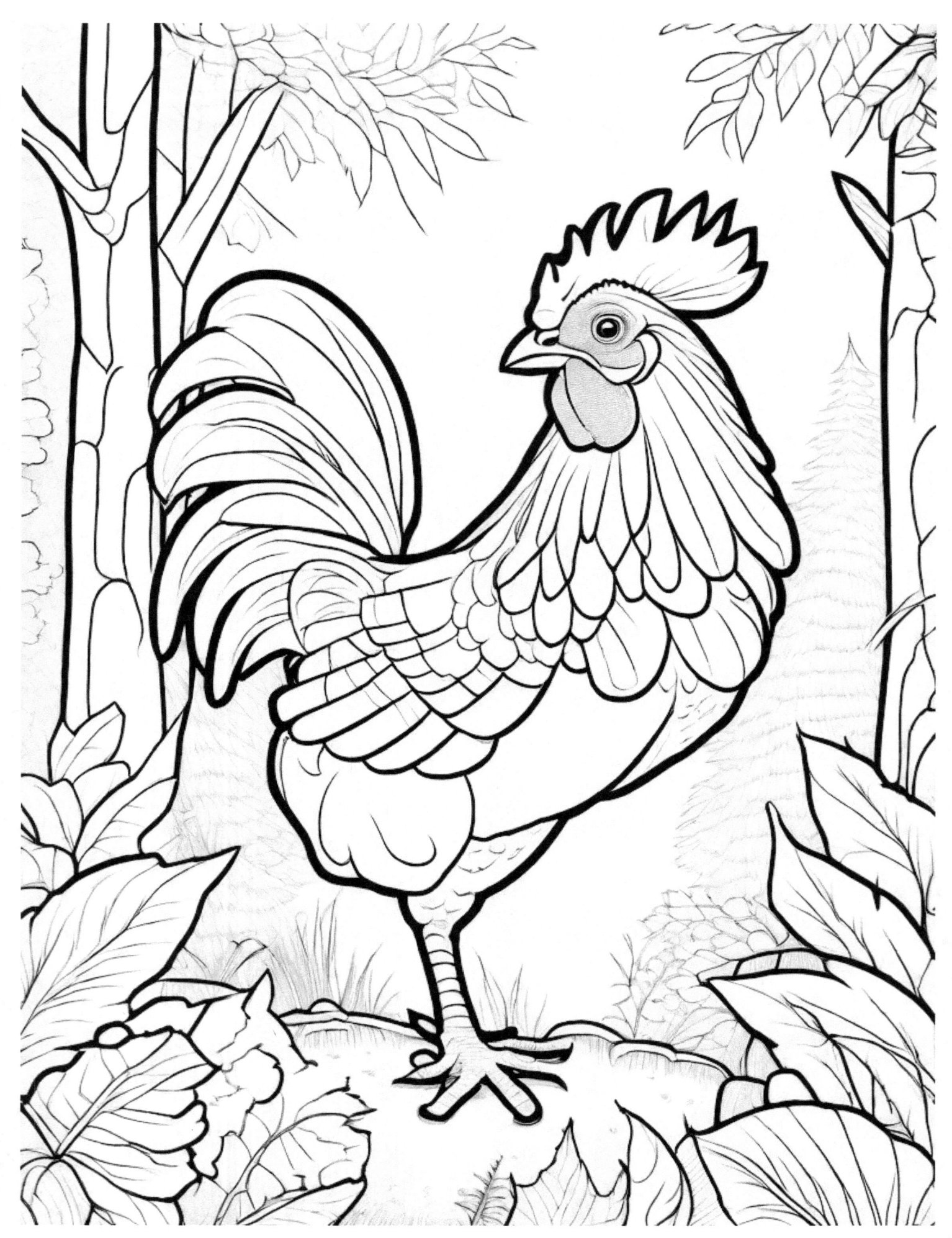

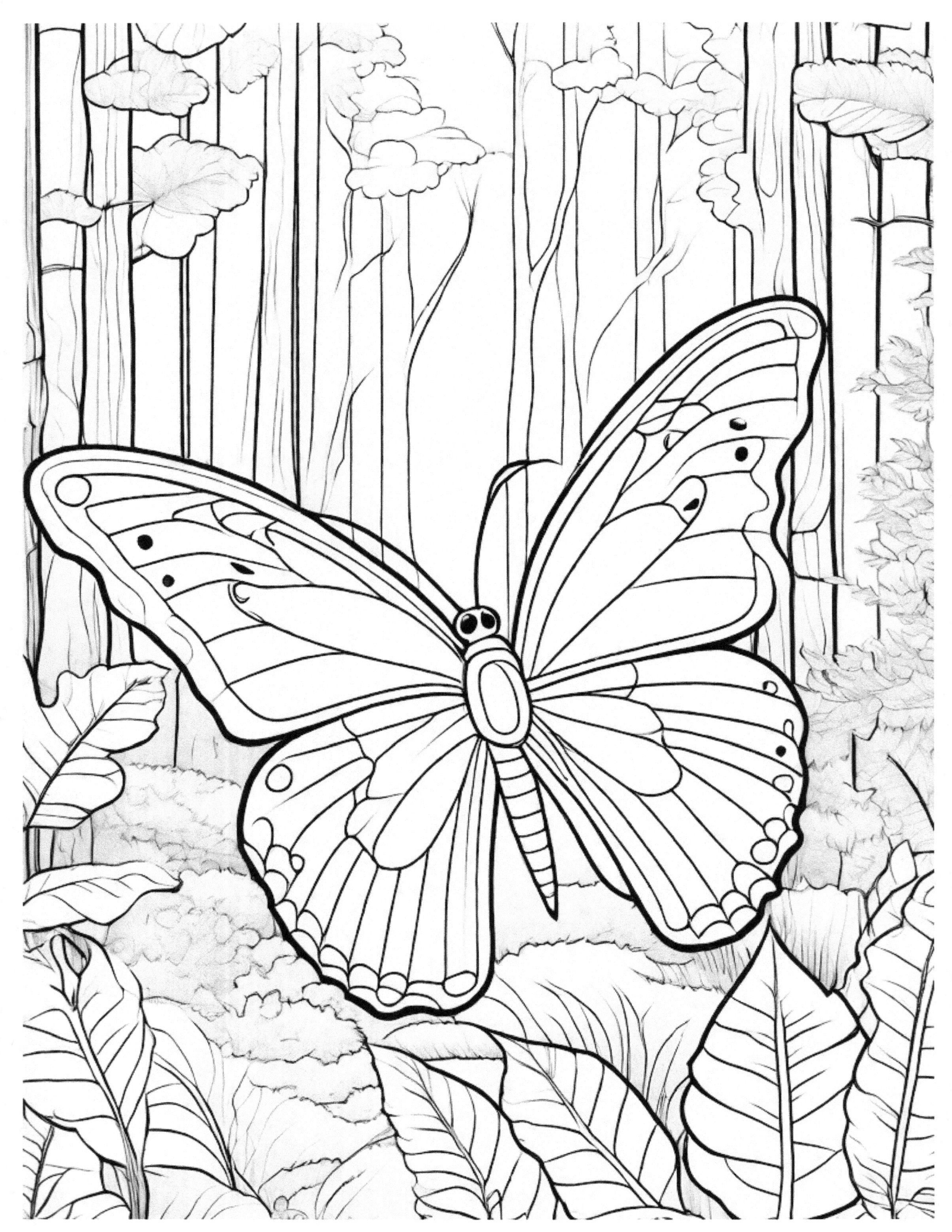

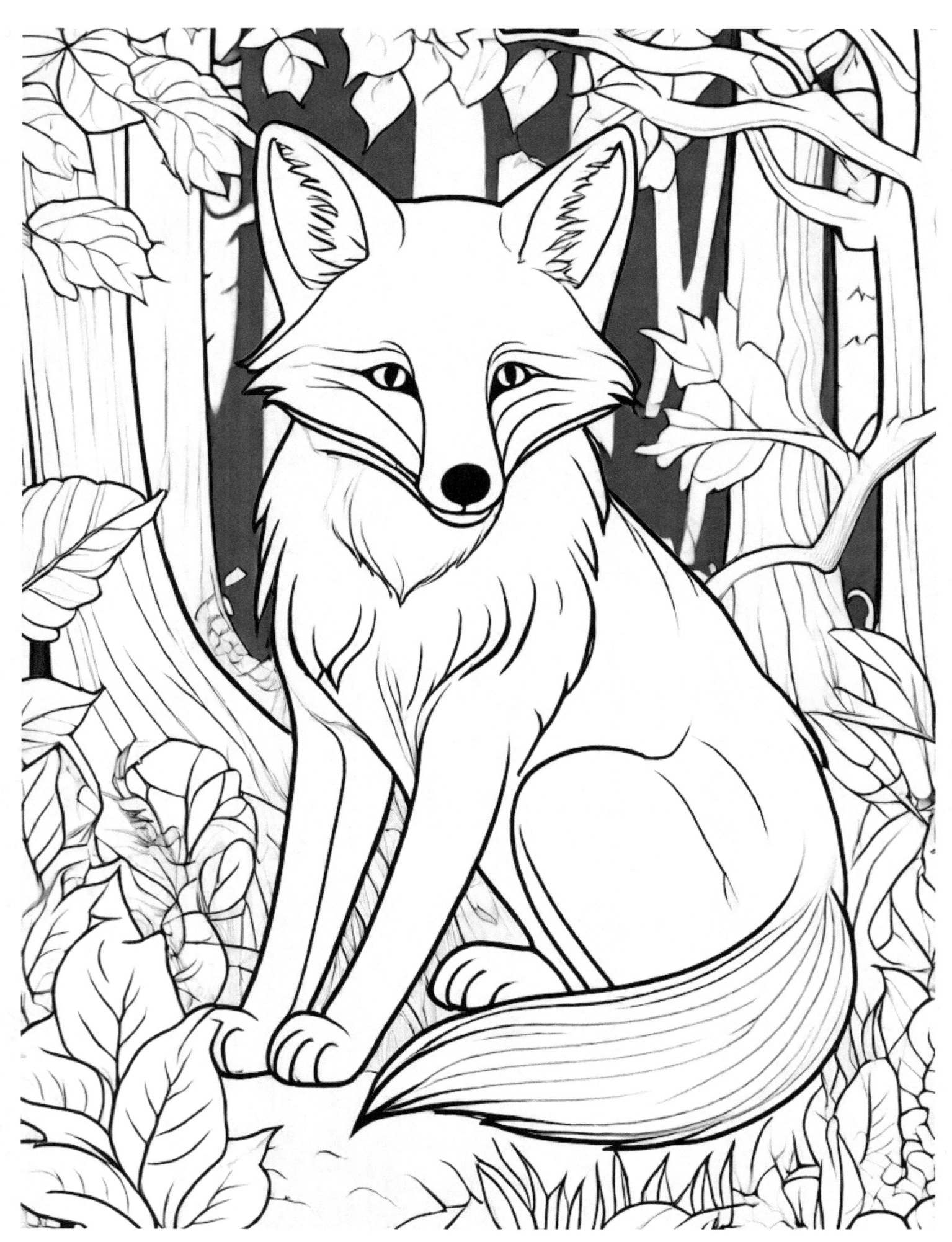

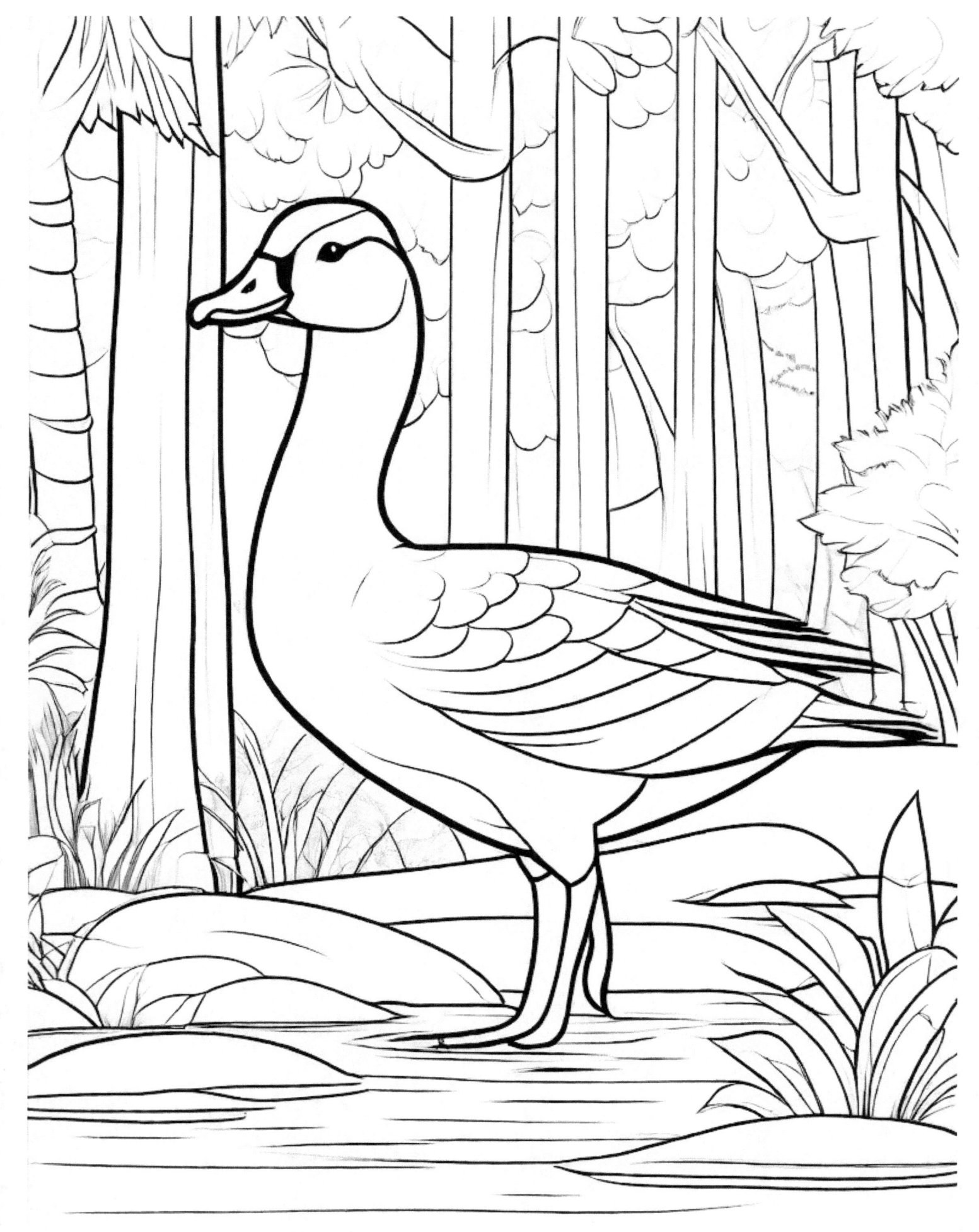

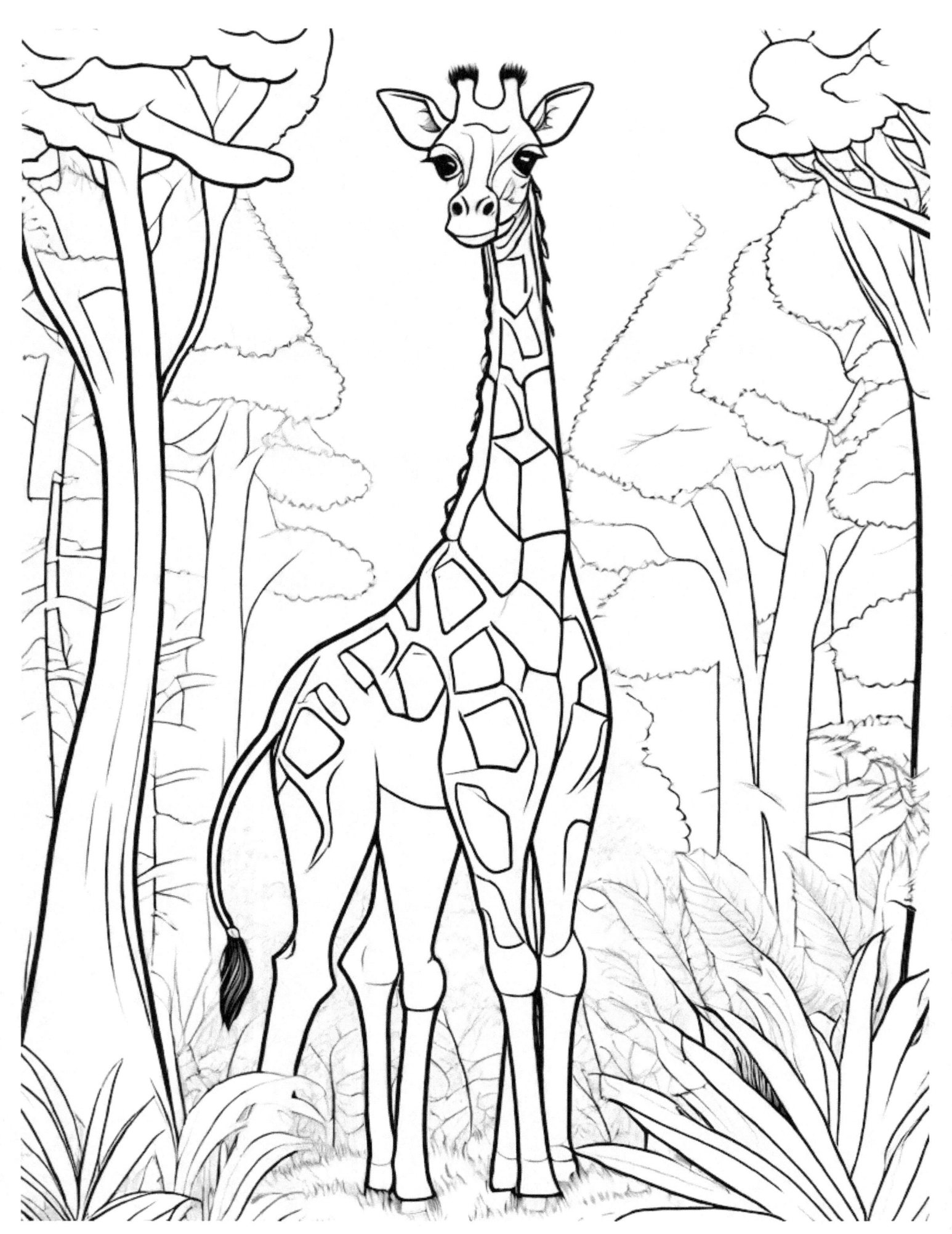

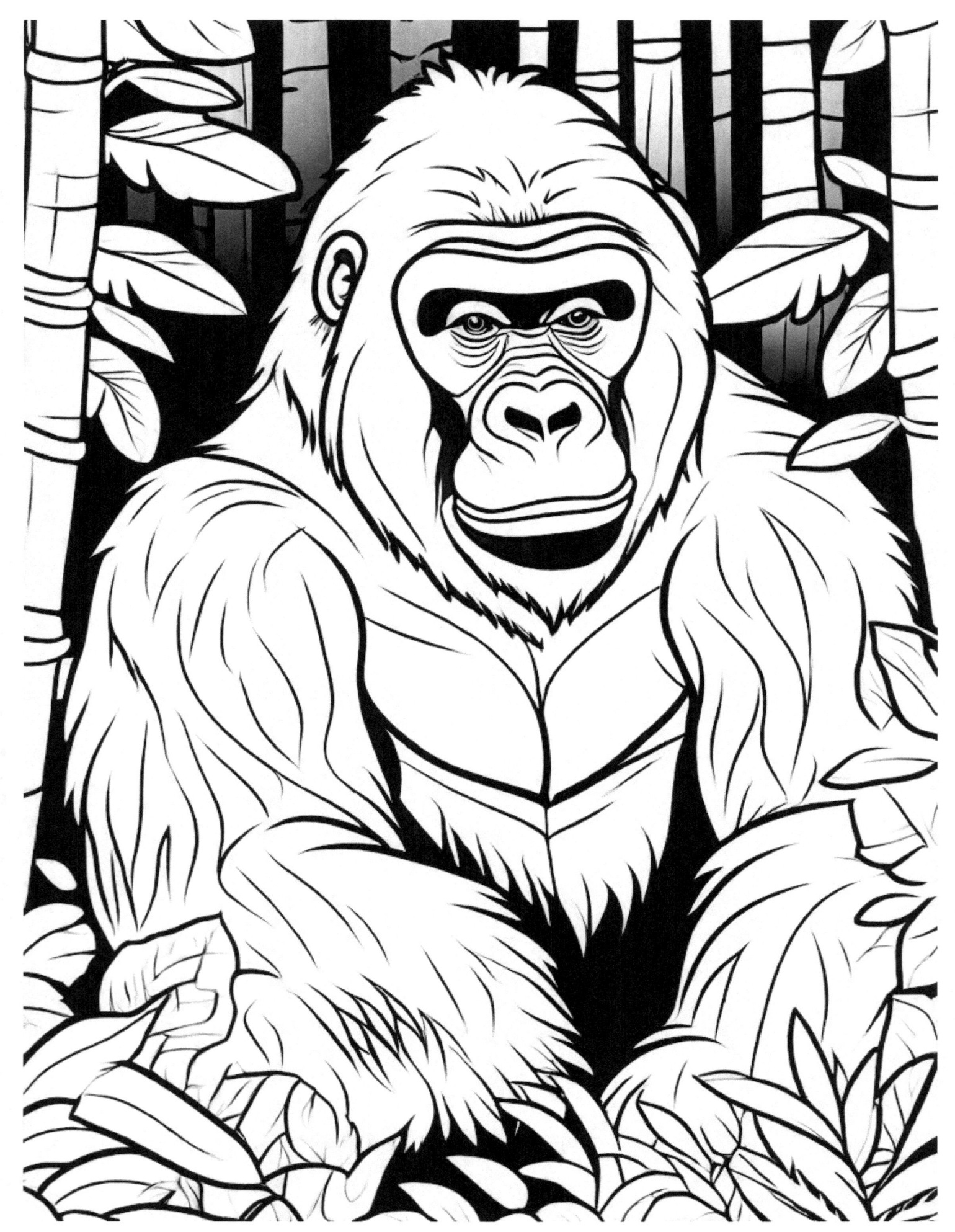

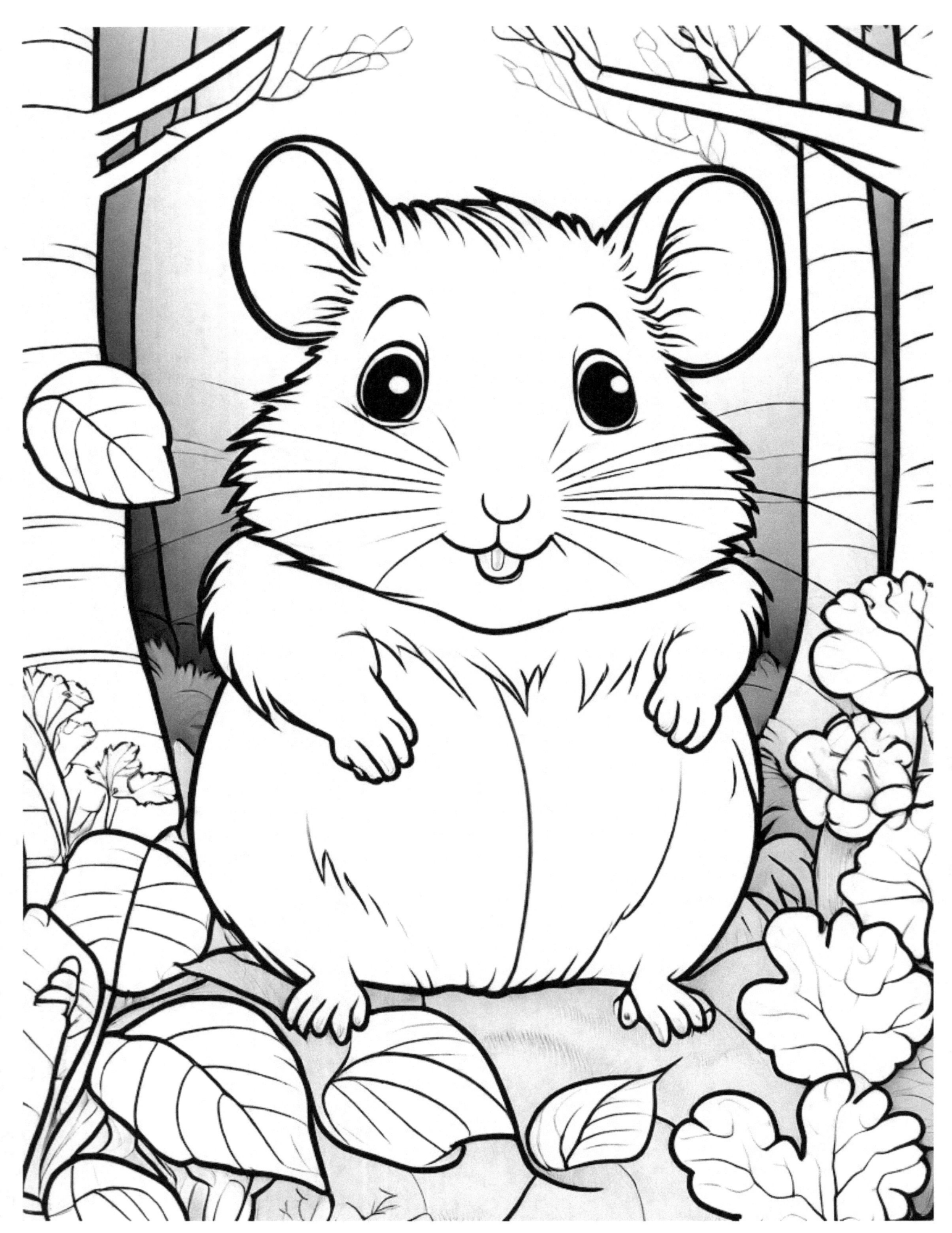

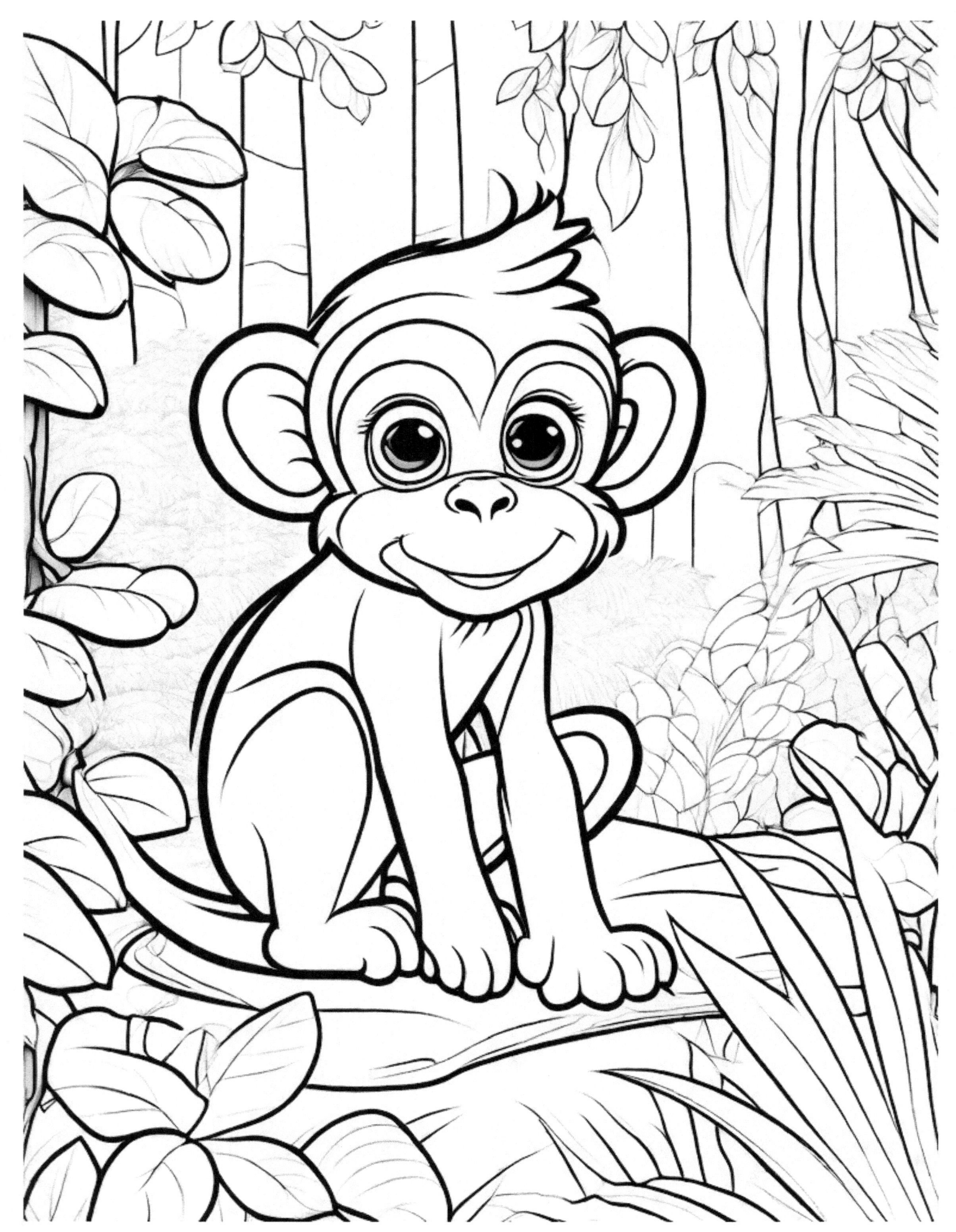

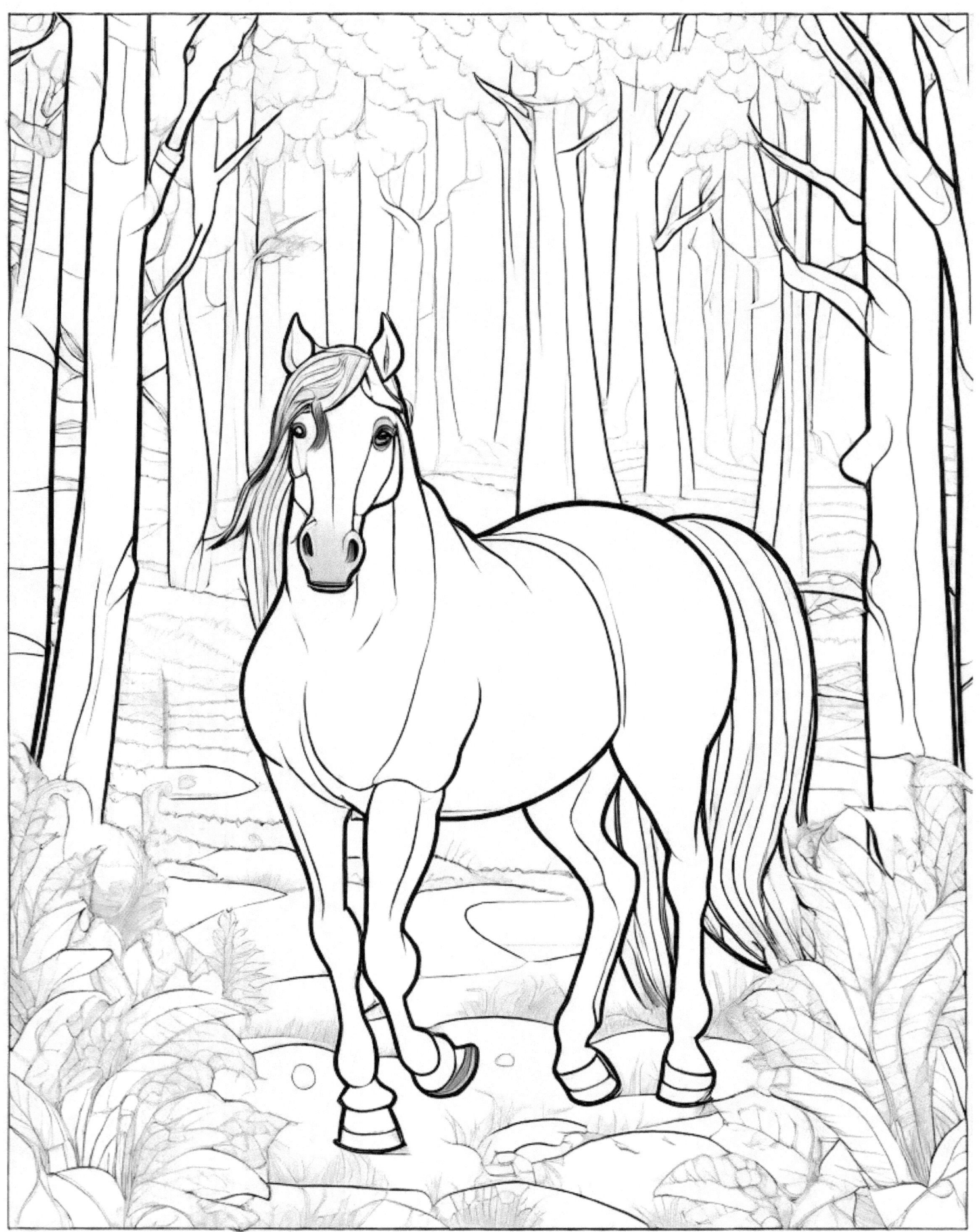

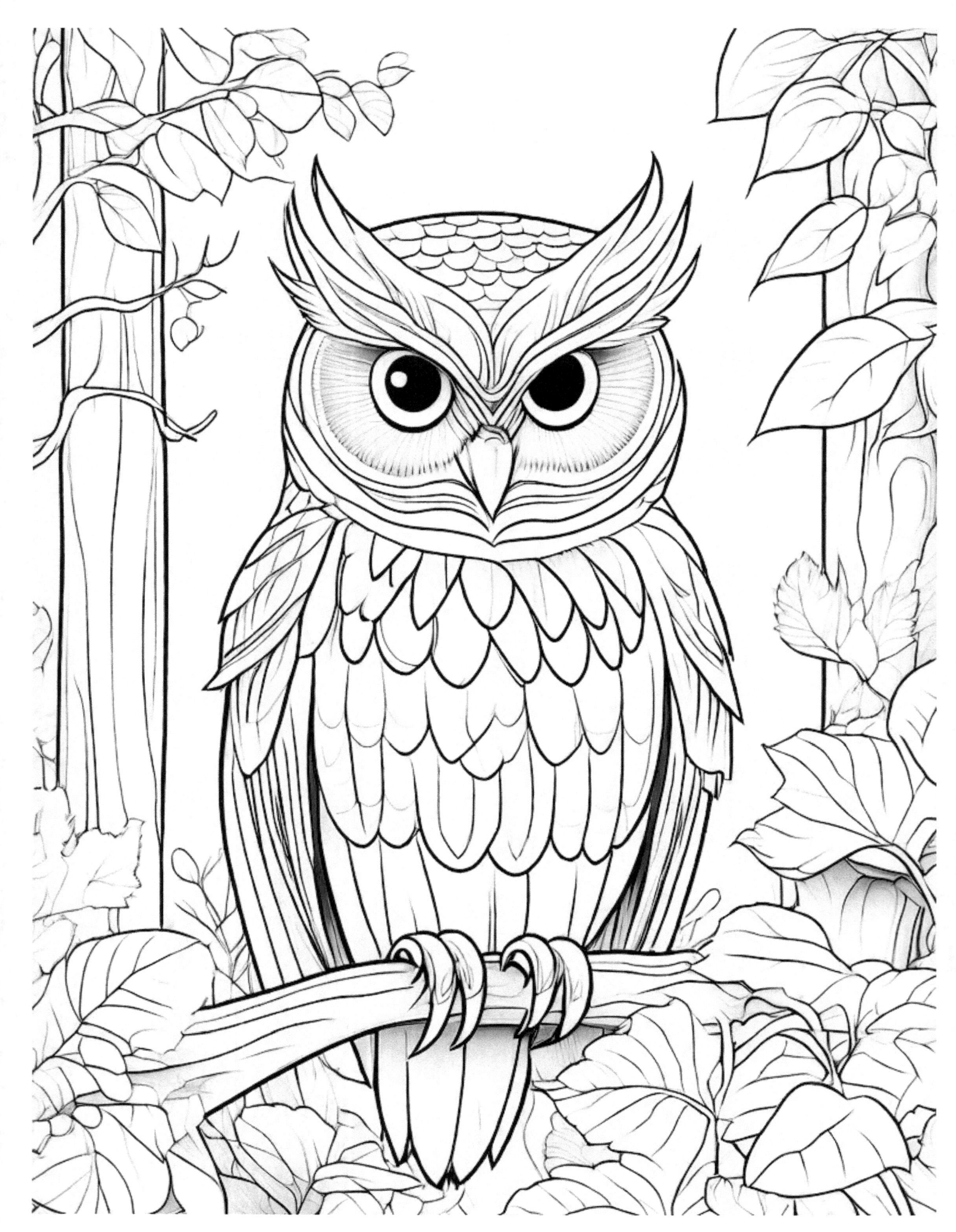

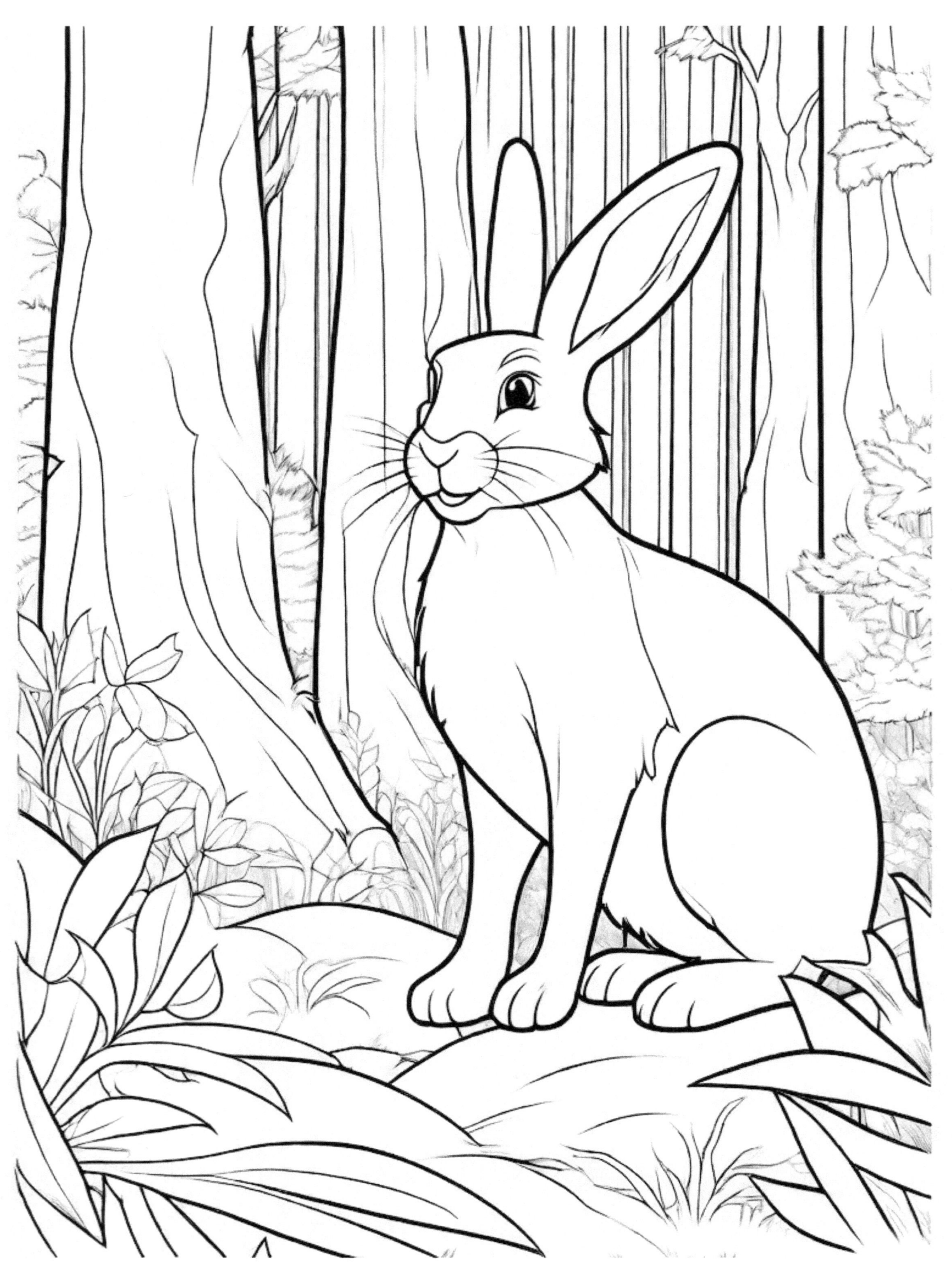

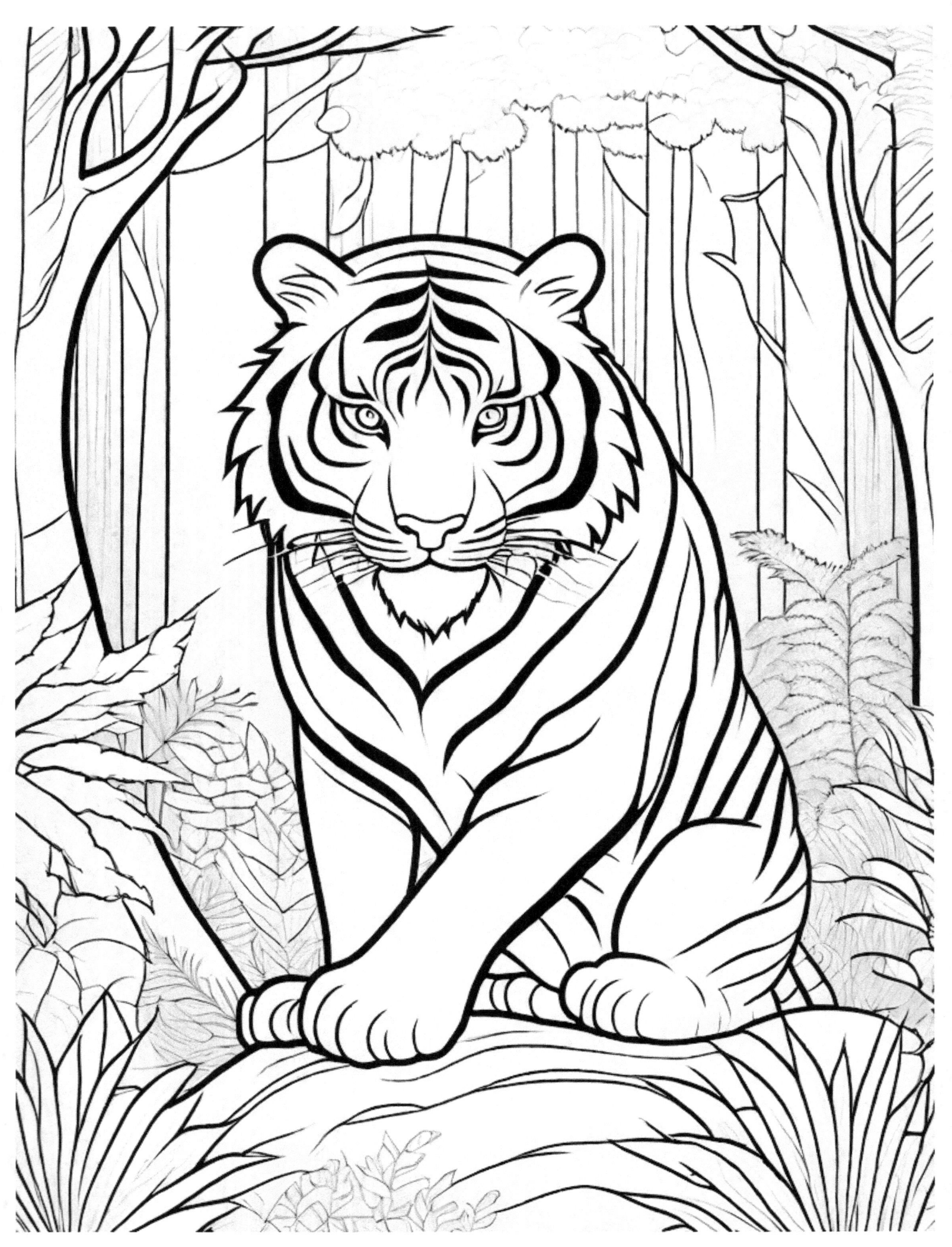

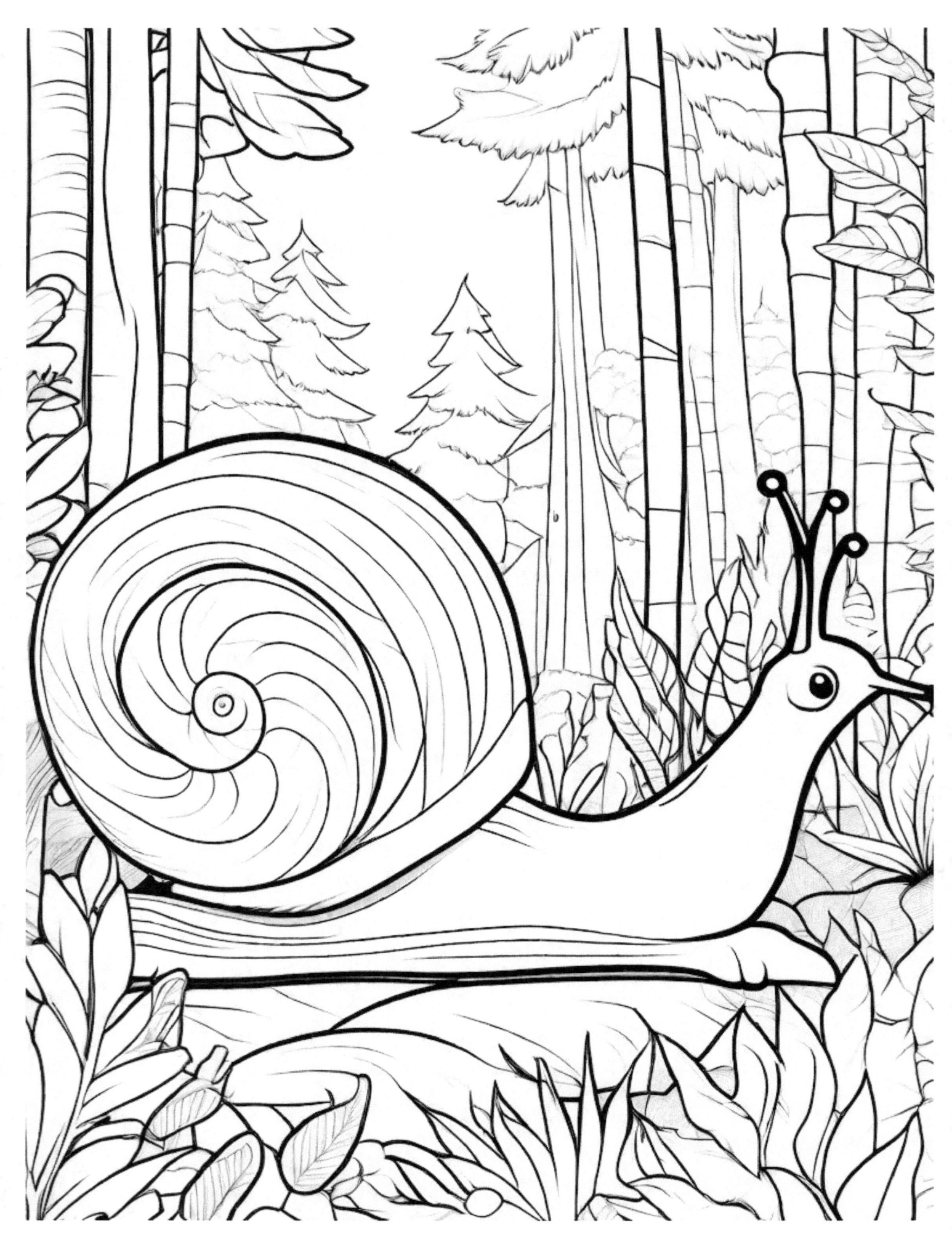

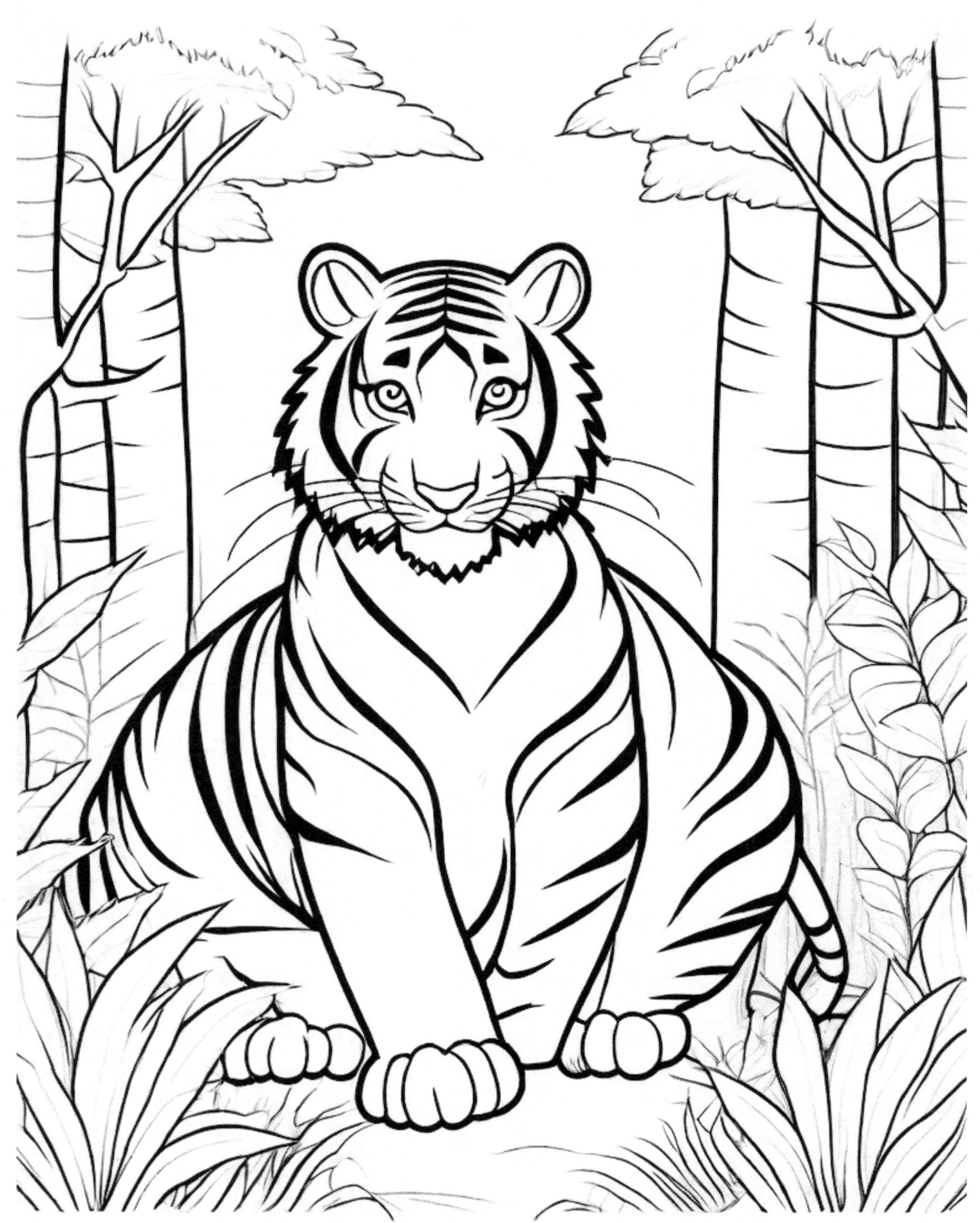

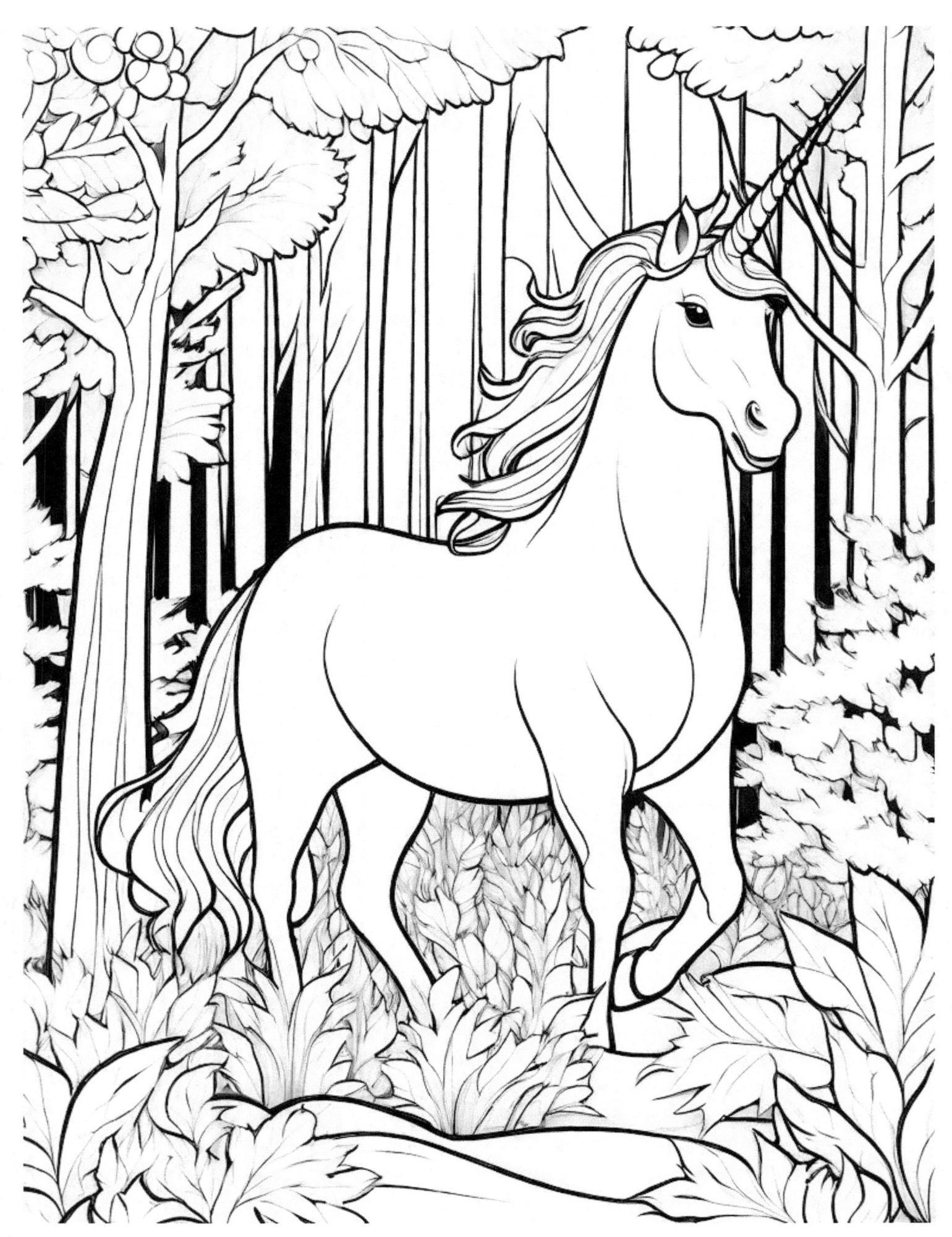

www.ingramcontent.com/pod-product-compliance
Lightning Source LLC
Chambersburg PA
CBHW062120220526
45471CB00010B/3812